BESTACTIVITYBOOKS.COM

PRIMERA EDICIÓN - 2022

Ilustración Gráfica Extra: www.freepik.com
Gracias a Alekksall, Starline, Pch.vector, Rawpixel.com, Vectorpocket, Dgim-studio, Upklyak, Macrovector, Stockgiu, Pikisuperstar & Freepik.com Designers

5 CONSEJOS PARA EMPEZAR

1) CÓMO RESOLVER LAS SOPA DE LETRAS

Los rompecabezas tienen un formato clásico:

- Las palabras se ocultan sin espacios ni guiones,...
- Orientación: Las palabras pueden escribirse hacia delante, hacia atrás, hacia arriba, hacia abajo o en diagonal (pueden estar invertidas).
- Las palabras pueden superponerse o cruzarse.

2) APRENDIZAJE ACTIVO

Junto a cada palabra hay un espacio para anotar la traducción. Para fomentar un aprendizaje activo, un **DICCIONARIO** al final de esta edición te permitirá comprobar y ampliar tus conocimientos. Busca y anota las traducciones, encuéntralas en el puzzle y añádelas a tu vocabulario!

3) MARCAR LAS PALABRAS

Puedes inventar tu propio sistema de marcado. ¿Quizás ya usas uno? También puedes, por ejemplo, marcar las palabras difíciles de encontrar con una cruz, las que te gustan con una estrella, las nuevas con un triángulo, las raras con un diamante, etc.

4) ESTRUCTURAR EL APRENDIZAJE

Esta edición ofrece un **CUADERNO DE NOTAS** muy práctico al final del libro. En vacaciones, de viaje o en casa, podrás organizar fácilmente tus nuevos conocimientos sin necesidad de un segundo cuaderno!

5) ¿HABÉIS TERMINADO TODAS LAS PARRILLAS?

En las últimas páginas de este libro, en la sección **DESAFÍO FINAL**, encontrarás un juego gratis!

¡Rápido y sencillo! Echa un vistazo a nuestra colección de libros de actividades para tu próximo momento de diversión y aprendizaje, ¡a sólo un clic de distancia!

Encuentre su próximo reto en:

BestActivityBooks.com/MiProximoLibro

En sus marcas, listos, ¡Ya!

¿Sabías que hay unas 7.000 lenguas diferentes en el mundo? Las palabras son preciosas.

Nos encantan los idiomas y hemos trabajado duro para crear libros de la más alta calidad para tí. ¿Nuestros ingredientes?

Una selección de temas adecuados para el aprendizaje, tres buenas porciones de entretenimiento, y luego añadimos una cucharada de palabras difíciles y una pizca de palabras raras. Los servimos con cariño y máxima diversión para que puedas resolver los mejores juegos de palabras y te diviertas aprendiendo!

Tu opinión es esencial. Puedes participar activamente en el éxito de este libro dejándonos un comentario. Nos encantaría saber qué es lo que más le ha gustado de esta edición.

Aquí hay un enlace rápido a tu página de pedidos:

BestBooksActivity.com/Opiniones50

Gracias por tu ayuda y diviértete!

Todo el equipo

1 - Arqueología

R	N	D	R	U	G	W	L	H	E	O	E	D	D	M	N
Z	E	S	P	Ó	Ł	V	Y	Z	P	G	C	R	Z	H	I
C	Y	W	I	L	I	Z	A	C	J	A	I	H	A	D	E
Ć	Z	H	T	N	M	P	Q	A	K	I	C	Ł	K	W	Z
Ś	X	H	R	C	Y	X	G	D	Y	N	E	B	D	Z	N
O	B	I	E	K	T	Y	Q	A	M	Y	C	D	A	P	A
Ł	Y	L	P	U	Y	B	B	B	S	T	G	G	G	R	N
A	G	V	S	C	X	T	L	N	U	Ą	A	Q	A	O	Y
I	Z	U	K	F	E	G	N	L	Ł	I	K	L	Z	F	B
N	O	C	E	N	A	C	D	A	E	W	O	P	E	E	P
E	R	E	L	I	K	T	B	I	W	Ś	Ś	O	N	S	O
I	Z	A	P	O	M	N	I	A	N	Y	C	B	N	O	T
M	G	R	O	B	O	W	I	E	C	A	I	T	H	R	O
A	T	L	A	N	A	L	I	Z	A	C	K	R	L	V	M
K	N	P	T	F	D	A	R	Ł	S	G	D	D	L	Y	E
S	L	Z	I	B	J	F	Y	V	R	C	U	P	V	N	K

ANALIZA
ANTYK
LAT
CYWILIZACJA
POTOMEK
NIEZNANY
ZESPÓŁ
ERA
OCENA
EKSPERT
SKAMIENIAŁOŚĆ
KOŚCI
BADACZ
ZAGADKA
OBIEKTY
ZAPOMNIANY
PROFESOR
RELIKT
ŚWIĄTYNIA
GROBOWIEC

2 - Granja #2

Z	R	E	T	S	A	P	A	M	A	L	M	Z	S	S	O
K	W	B	Q	I	I	Z	Ł	B	D	U	L	Q	A	N	P
U	L	I	Ż	Y	W	N	O	Ś	Ć	I	E	C	D	J	F
J	Z	X	E	S	Z	I	D	U	V	F	K	Ł	Z	C	S
Ę	O	C	C	R	D	E	O	N	T	Z	O	X	D	D	K
C	D	B	W	Y	Z	K	T	J	Ł	J	W	D	L	V	E
Z	N	I	O	V	L	Ą	S	C	I	Ą	G	N	I	K	I
M	O	W	O	C	L	X	T	J	A	G	N	I	Ę	Q	N
I	W	O	Q	D	N	P	K	U	K	U	R	Y	D	Z	A
E	Y	P	T	U	P	M	S	V	C	P	X	H	Z	W	I
Ń	Z	S	K	P	G	I	Y	Z	O	M	G	E	K	O	N
Q	R	M	D	M	A	Z	U	I	E	K	H	O	I	S	D
G	A	U	Q	Ł	Ł	S	O	Ł	L	N	G	P	Q	H	A
G	W	F	S	T	Ą	T	H	Z	O	C	I	C	V	V	W
I	K	Q	D	X	E	K	I	N	L	O	R	C	U	Z	A
K	Q	T	Q	M	L	J	A	K	Z	C	A	K	A	I	N

ROLNIK
ZWIERZĄT
JĘCZMIEŃ
UL
ŻYWNOŚĆ
JAGNIĘ
OWOC
STODOŁA
SAD
MLEKO
LAMA
KUKURYDZA
OWCE
PASTERZ
KACZKA
ŁĄKA
NAWADNIANIE
CIĄGNIK
PSZENICA
WARZYWO

3 - La Empresa

M	T	J	Q	U	X	Y	S	O	O	O	N	P	P	I	R
T	I	K	T	S	O	N	D	E	J	U	E	R	R	N	P
T	M	F	A	Y	Ł	L	Y	L	C	G	I	O	Z	N	R
N	V	K	J	M	Ł	A	F	T	V	V	N	D	E	O	E
O	Y	O	C	H	H	N	L	N	R	Z	E	U	M	W	Z
I	W	P	Y	Ć	Ś	O	K	A	J	E	I	K	Y	A	E
P	O	S	T	Ę	P	J	X	B	A	T	N	T	S	C	N
Z	T	E	S	D	T	S	B	Y	L	W	D	D	Ł	Y	T
X	A	N	E	E	R	E	D	W	X	Ó	U	C	Y	J	A
C	I	Z	W	C	J	F	Ł	T	X	R	R	P	R	N	C
P	W	I	N	Y	B	O	S	A	Z	C	T	P	O	Y	J
K	Ś	B	I	Z	X	R	N	F	K	Z	A	X	P	Ł	A
U	S	B	B	J	C	P	M	M	T	Y	Z	N	W	L	L
K	A	J	C	A	T	U	P	E	R	V	Z	E	E	H	O
P	R	Z	Y	C	H	Ó	D	X	D	T	A	Y	Y	Q	R
M	O	Ż	L	I	W	O	Ś	Ć	O	F	U	Y	R	C	F

JAKOŚĆ
TWÓRCZY
DECYZJA
ZATRUDNIENIE
ŚWIATOWY
PRZEMYSŁ
PRZYCHÓD
INNOWACYJNY
INWESTYCJA
BIZNES
MOŻLIWOŚĆ
PREZENTACJA
PRODUKT
PROFESJONALNY
POSTĘP
ZASOBY
REPUTACJA
RYZYKA
TRENDY
JEDNOSTKI

4 - Aviones

W	Y	S	O	K	O	Ś	Ć	P	L	Z	D	Ł	Q	E	D
X	K	K	L	W	V	O	Q	A	Ą	B	A	R	N	A	P
K	I	E	R	U	N	E	K	S	D	U	Ł	Ł	T	D	Y
H	I	S	T	O	R	I	A	A	O	D	F	K	O	U	X
N	U	N	C	G	Q	X	W	Ż	W	O	P	M	L	G	Ł
P	A	B	L	D	E	U	I	E	A	W	U	G	I	A	A
O	A	W	R	I	S	R	G	R	N	A	X	G	P	Y	R
W	T	P	I	Y	S	W	Q	K	I	B	A	L	O	N	N
I	M	A	X	G	N	B	T	K	E	J	O	R	P	P	I
E	O	L	V	S	O	Ś	M	I	G	Ł	A	Ó	R	G	E
T	S	I	P	E	R	W	N	S	I	L	C	D	J	M	B
R	F	W	K	M	R	R	A	K	B	L	C	O	F	D	O
Z	E	O	H	E	N	D	C	Ć	I	N	G	W	K	X	H
E	R	R	N	D	T	U	R	B	U	L	E	N	C	J	A
B	A	D	O	G	Y	Z	R	P	Ł	D	K	J	F	O	L
Y	O	K	C	U	M	X	V	L	G	U	C	Y	Z	A	C

POWIETRZE
WYSOKOŚĆ
LĄDOWANIE
ATMOSFERA
PRZYGODA
NIEBO
PALIWO
BUDOWA
KIERUNEK
PROJEKT
BALON
ŚMIGŁA
WODÓR
HISTORIA
SILNIK
NAWIGOWAĆ
PASAŻER
PILOT
ZAŁOGA
TURBULENCJA

5 - Tipos de Cabello

Z	R	X	M	M	D	L	J	N	L	E	S	Q	Z	V	T
F	D	N	Ł	I	K	R	Ó	T	K	I	Z	W	H	A	S
A	N	R	G	H	Ę	A	I	V	G	G	A	R	U	R	R
L	O	A	O	R	Ł	K	N	U	D	U	R	X	R	M	A
I	L	P	Ł	W	U	T	K	P	Z	Ł	Y	Ł	A	I	B
S	B	Y	L	M	Y	B	H	I	Z	D	N	E	L	U	O
T	G	F	O	P	K	R	Y	G	J	O	R	W	E	I	D
Y	W	O	X	W	B	H	S	C	E	V	A	V	E	I	M
U	Z	U	S	U	C	H	Y	B	L	K	Z	E	B	Q	S
H	X	B	C	L	F	W	Ł	R	Q	X	C	Z	R	X	R
B	Ł	Y	S	Z	C	Z	Ą	C	Y	W	R	A	Ą	F	E
M	T	P	N	Q	C	I	E	N	K	I	G	F	Z	Q	B
P	L	E	C	I	O	N	Y	L	K	X	H	P	O	A	R
R	P	D	U	I	J	E	N	O	C	Ę	R	K	W	E	O
N	A	R	X	E	Z	C	O	K	R	A	W	J	Y	H	Z
Z	O	Ł	B	L	X	X	K	I	T	Q	I	D	K	I	F

BIAŁY
BŁYSZCZĄCY
ŁYSY
KRÓTKI
CIENKI
SZARY
GRUBY
DŁUGIE
BRĄZOWY
CZARNY

FALISTY
SREBRO
KRĘCONE
LOKI
BLOND
ZDROWY
SUCHY
MIĘKKI
PLECIONY
WARKOCZE

6 - Ciencia Ficción

W	P	K	H	R	Ń	E	I	G	O	T	N	F	J	S	R
T	Y	T	O	B	O	R	L	L	N	X	M	T	E	N	E
E	O	I	B	T	B	Z	U	I	I	G	Ł	X	X	Ł	A
C	S	F	M	O	B	W	Z	Z	K	W	Y	Q	A	E	L
H	C	U	T	A	A	L	J	F	G	I	Y	A	T	O	I
N	E	T	A	K	G	T	A	I	W	Ś	Y	Y	E	H	S
O	N	U	J	Y	W	I	O	S	K	R	A	J	N	Y	T
L	A	R	E	T	C	Y	N	M	X	S	X	O	A	Ł	Y
O	R	Y	M	K	C	H	B	O	O	E	C	C	L	X	C
G	I	S	N	A	Ł	J	S	U	W	W	G	X	P	I	Z
I	U	T	I	L	L	C	R	N	C	A	Y	C	N	A	N
A	S	Y	C	A	P	F	W	X	S	H	N	U	P	H	Y
E	Z	C	Z	G	A	I	N	Z	C	O	R	Y	W	P	D
T	E	Z	Y	F	A	N	T	A	S	T	Y	C	Z	N	Y
G	C	N	S	F	E	M	J	K	S	I	Ą	Ż	K	I	N
Y	T	Y	U	T	O	P	I	A	C	L	Ł	Ł	G	Ł	O

ATOMOWY
KINO
SCENARIUSZ
WYBUCH
SKRAJNY
FANTASTYCZNY
OGIEŃ
FUTURYSTYCZNY
GALAKTYKA
ILUZJA
WYIMAGINOWANY
KSIĄŻKI
TAJEMNICZY
ŚWIAT
WYROCZNIA
PLANETA
REALISTYCZNY
ROBOTY
TECHNOLOGIA
UTOPIA

7 - Granja #1

D	N	T	E	W	H	H	A	O	O	U	T	K	Ł	A	Q
G	A	M	I	O	Y	T	X	Ł	N	S	L	O	U	Y	L
Y	S	V	N	X	F	C	O	B	A	C	I	Ń	Y	Q	Y
J	I	F	E	J	J	R	H	Y	I	I	V	O	P	Z	J
D	O	U	Z	I	T	Y	A	X	S	E	U	D	Ł	C	A
V	N	K	D	U	K	Ż	M	X	H	L	J	O	U	C	Q
P	A	T	O	K	W	R	O	N	A	Ę	K	R	O	W	A
I	G	L	R	Z	L	T	R	M	H	R	A	F	N	L	U
E	M	Y	G	F	A	L	Q	Q	E	O	Z	B	S	C	Y
S	L	I	O	H	Ł	Z	B	I	R	L	C	G	N	Q	V
H	Y	Y	Ó	R	O	I	V	S	R	N	R	J	A	V	T
W	O	D	A	D	Z	E	L	O	P	I	U	R	W	V	Ł
O	X	N	Z	G	C	M	L	Z	Q	C	K	R	Ó	S	Ł
V	L	N	P	C	Z	I	C	V	Q	T	J	F	Z	P	C
Z	A	J	T	E	S	A	D	E	A	W	D	C	C	X	F
G	Z	Z	O	J	P	Z	O	I	R	O	S	U	K	A	M

PSZCZOŁA
ROLNICTWO
WODA
RYŻ
OSIOŁ
KOŃ
KOZA
POLE
WRONA
NAWÓZ
KOT
SIANO
MIÓD
PIES
KURCZAK
NASIONA
CIELĘ
ZIEMIA
KROWA
OGRODZENIE

8 - Camping

K	K	G	Ł	K	E	O	V	E	H	Z	J	S	V	N	K
S	A	A	M	T	E	C	K	X	C	I	K	H	R	J	A
I	P	R	H	L	P	Ń	Q	T	D	I	G	T	F	F	J
Ę	E	M	X	P	Ł	E	I	N	A	W	O	L	O	P	A
Ż	L	Y	L	X	H	I	N	A	W	R	S	A	R	K	K
Y	U	R	D	V	X	G	O	T	O	Y	Ó	B	O	A	M
C	S	F	C	F	M	O	G	U	R	L	T	G	I	B	W
X	Z	X	Q	H	C	S	U	R	T	A	V	R	Z	I	Q
U	H	J	M	V	O	K	M	A	Ą	S	N	N	E	N	Ł
G	V	K	M	B	N	V	E	S	Z	A	R	I	J	A	X
W	I	S	D	F	K	T	Ę	Z	R	P	S	H	L	P	T
V	O	V	M	M	Q	Q	R	G	E	M	C	R	I	A	I
H	A	M	A	K	O	G	Ł	V	I	O	W	C	Z	M	O
S	D	R	Z	E	W	A	P	P	W	K	D	X	A	B	O
M	A	X	C	U	O	Q	G	S	Z	X	C	H	B	R	F
L	A	T	A	R	N	I	A	D	O	G	Y	Z	R	P	D

ZWIERZĄT
PRZYGODA
DRZEWA
LAS
KOMPAS
KABINA
KAJAK
POLOWANIE
LINA
SPRZĘT
OGIEŃ
HAMAK
OWAD
JEZIORO
LATARNIA
KSIĘŻYC
MAPA
GÓRA
NATURA
KAPELUSZ

9 - Fruta

U	V	V	L	W	A	N	J	M	O	O	A	C	A	K	R
E	T	Z	U	N	W	F	A	A	A	N	Y	R	T	Y	C
A	Ł	J	T	Z	O	J	B	N	N	L	G	Y	T	P	Ł
W	X	W	R	B	K	A	Ł	A	Y	X	I	U	J	T	R
M	E	L	O	N	A	G	K	N	R	R	F	N	A	Y	L
W	O	H	C	C	D	O	O	A	A	U	E	F	A	W	V
I	U	L	B	E	O	D	G	S	T	J	M	Ł	L	O	A
N	Q	E	Q	C	Z	A	N	F	K	I	W	L	E	Z	J
O	K	I	W	I	S	S	A	T	E	A	C	D	R	C	R
G	L	P	P	W	J	M	M	E	N	K	I	K	O	Ń	E
R	H	A	I	N	I	W	K	S	O	Z	R	B	M	A	P
O	P	P	I	A	P	K	O	K	O	S	L	K	Y	R	E
N	H	A	V	N	N	T	D	H	E	U	Ł	Ł	K	A	W
O	L	J	U	A	Ś	N	C	U	Y	R	C	Q	L	M	R
H	R	A	O	B	T	I	Ł	O	P	G	Y	N	V	O	S
Q	N	F	C	U	Q	L	W	W	O	Y	N	D	G	P	A

AWOKADO
MORELA
JAGODA
WIŚNIA
KOKOS
MALINA
GUAWA
KIWI
CYTRYNA
MANGO
JABŁKO
BRZOSKWINIA
MELON
POMARAŃCZOWY
NEKTARYNA
PAPAJA
GRUSZKA
ANANAS
BANAN
WINOGRONO

10 - Geología

B	G	Z	X	P	D	K	D	O	A	E	W	P	J	E	P
F	Y	R	J	W	Ł	U	W	V	R	A	A	E	X	G	O
A	J	Z	O	R	E	A	Ł	X	I	I	R	Ł	R	E	X
R	U	V	G	T	K	I	S	W	Y	Q	S	F	X	J	Q
K	W	A	R	C	A	O	G	K	U	V	T	L	P	Z	A
Y	Ł	A	T	Z	S	Y	R	K	O	Q	W	F	Q	E	X
T	Ł	W	Y	D	U	A	I	Ł	D	W	A	L	Y	R	K
S	T	A	L	A	K	T	Y	T	Q	Q	Y	F	T	W	O
F	L	L	R	S	R	I	V	W	I	B	L	Ż	I	G	N
W	H	P	V	E	Q	W	Z	U	W	A	T	F	M	M	T
H	O	E	C	T	N	B	H	L	U	D	M	T	G	I	Y
S	Ó	L	A	V	J	I	S	K	H	J	F	N	A	M	N
A	L	M	X	Ń	E	I	M	A	K	O	R	A	L	B	E
W	I	O	E	A	O	U	N	N	F	G	P	O	A	L	N
K	S	T	R	E	F	A	W	A	P	Ń	T	M	T	M	T
S	K	A	M	I	E	N	I	A	Ł	O	Ś	Ć	S	Q	G

KWAS
WAPŃ
WARSTWA
GROTA
KONTYNENT
KORAL
KRYSZTAŁY
KWARC
EROZJA
STALAKTYT

STALAGMITY
SKAMIENIAŁOŚĆ
GEJZER
LAWA
PŁASKOWYŻ
MINERAŁY
KAMIEŃ
SÓL
WULKAN
STREFA

11 - Álgebra

O	Z	J	D	U	W	A	N	F	L	G	P	P	O	I	R
F	G	I	Q	P	W	W	F	A	R	A	C	I	Ł	O	O
M	G	M	L	R	P	Ł	M	K	W	A	T	C	R	O	Z
E	Q	H	W	O	R	E	Z	D	N	I	K	H	O	E	W
L	K	Y	D	Ś	Ł	P	H	O	U	L	A	C	S	I	I
B	I	H	A	C	Y	R	T	A	M	K	I	S	J	N	Ą
O	N	N	K	I	L	N	G	L	E	Q	T	S	O	A	Z
R	D	D	I	Ć	Ś	O	L	I	R	Q	H	K	Z	N	A
P	A	I	N	O	Z	M	I	E	N	N	A	I	Y	W	N
T	Ł	A	N	E	W	Y	Z	S	Ł	A	F	K	L	Ó	I
Ł	K	G	Y	A	V	Y	P	O	D	Z	I	A	Ł	R	E
W	Y	R	Z	D	J	H	I	V	F	W	I	D	F	E	Z
N	W	A	C	P	O	D	E	J	M	O	W	A	N	I	E
O	Z	M	I	V	F	O	R	M	U	Ł	A	Ł	I	U	J
C	E	V	I	U	L	V	D	P	Y	K	G	Ł	E	W	I
N	I	E	S	K	O	Ń	C	Z	O	N	Y	Q	U	Q	Ł

ILOŚĆ
ZERO
DIAGRAM
PODZIAŁ
RÓWNANIE
WYKŁADNIK
CZYNNIK
FAŁSZYWE
FORMUŁA
FRAKCJA
NIESKOŃCZONY
LINIOWY
MATRYCA
NUMER
NAWIAS
PROBLEM
ODEJMOWANIE
UPROŚCIĆ
ROZWIĄZANIE
ZMIENNA

12 - Plantas

G	Y	T	N	K	A	E	S	O	A	Q	L	I	Ś	Ć	E
J	A	F	R	T	X	X	B	R	N	S	P	E	N	Z	E
F	Z	U	B	A	L	O	S	A	F	Z	U	F	W	E	T
Ł	F	E	Z	I	W	O	A	O	F	P	N	Y	E	Q	T
D	R	Z	E	W	O	A	L	L	V	F	O	X	H	F	M
I	Ź	G	Ł	K	V	O	K	I	F	S	I	A	R	L	B
H	R	R	L	H	I	E	C	Ś	V	O	S	X	D	M	L
V	O	D	Ó	R	G	O	H	C	E	M	X	P	H	Q	U
K	Ś	H	F	D	F	Z	S	I	F	X	R	B	W	M	S
R	L	U	X	L	Ł	S	U	B	M	A	B	P	O	E	Z
Z	I	I	Ł	A	O	O	T	J	A	G	O	D	A	P	C
A	N	I	P	Ł	B	R	K	Q	G	H	R	H	A	Ł	Z
K	N	G	H	Z	Ó	W	A	N	V	E	Q	Z	Y	A	O
K	O	C	M	J	Y	A	K	I	N	A	T	O	B	T	Z
G	Ś	X	U	D	J	K	T	Q	L	J	F	D	T	E	Ł
J	Ć	M	N	K	A	M	O	F	P	M	Z	M	S	K	Z

KRZAK
DRZEWO
BAMBUS
JAGODA
LAS
BOTANIKA
KAKTUS
NAWÓZ
KWIAT
FLORA
LIŚCI
FASOLA
BLUSZCZ
TRAWA
LIŚĆ
OGRÓD
MECH
PŁATEK
ŹRÓDŁO
ROŚLINNOŚĆ

13 - Suministros de Arte

D	N	A	G	K	P	P	E	I	W	B	H	K	U	K	B
B	Y	Z	R	O	Ę	E	O	T	A	U	X	Ł	Y	R	S
R	Ł	O	B	L	D	T	P	M	A	K	R	Y	L	E	G
P	Q	L	G	O	Z	V	T	Q	Y	B	R	A	F	A	G
S	A	C	S	R	L	I	S	W	E	S	V	P	J	T	J
O	D	S	O	Y	E	H	D	H	U	X	Ł	E	J	Y	R
Ł	O	S	T	L	K	R	Z	E	S	Ł	O	Y	X	W	G
Ó	W	Ł	T	E	E	F	X	L	I	M	F	F	C	N	L
W	O	Y	N	G	L	J	T	E	Q	Z	T	L	J	O	I
K	S	D	E	L	R	E	B	R	E	I	P	A	P	Ś	N
I	P	J	M	F	M	W	Ł	A	G	O	I	A	Z	Ć	A
S	Z	T	A	L	U	G	A	W	U	E	C	M	Y	K	T
V	L	F	R	C	G	Ł	L	K	M	M	Ł	A	U	L	A
B	C	K	T	A	R	E	M	A	K	S	T	Ó	Ł	E	R
M	M	G	A	P	Z	O	V	L	A	Y	L	Ł	R	J	P
O	M	Y	X	S	Q	E	L	B	Z	S	L	G	W	O	Q

OLEJ
AKRYL
AKWARELE
WODA
GLINA
GUMKA
SZTALUGA
KAMERA
PĘDZLE
KOLORY
KREATYWNOŚĆ
POMYSŁY
OŁÓWKI
STÓŁ
PAPIER
PASTELE
KLEJ
FARBY
KRZESŁO
ATRAMENT

14 - Negocio

G	X	Z	O	Q	T	J	P	E	L	K	S	O	B	U	F
T	O	W	A	R	K	P	N	E	S	N	A	N	I	F	D
G	G	R	W	R	W	J	U	C	R	S	D	M	L	K	T
P	R	A	C	O	D	A	W	C	A	S	V	H	O	O	R
P	X	R	S	F	M	P	Z	F	H	Y	O	Q	N	S	A
O	L	V	K	I	N	W	O	C	A	R	P	N	X	Z	N
D	J	K	A	R	I	E	R	A	I	B	O	F	E	T	S
A	V	U	T	K	W	L	A	N	M	T	R	S	L	L	A
T	F	S	U	Y	J	N	W	K	O	Q	U	Y	G	Q	K
K	I	U	L	E	Z	D	Ą	I	N	E	I	P	K	F	C
I	R	M	A	W	Z	R	M	U	O	X	B	W	P	A	J
Y	M	U	W	S	B	L	A	M	K	G	Y	Ł	Z	H	A
O	A	V	N	Ł	F	M	Q	B	E	G	O	Q	K	R	D
S	P	R	Z	E	D	A	Ż	I	A	V	S	A	N	N	G
I	N	W	E	S	T	Y	C	J	A	T	E	Ż	D	U	B
L	T	L	J	P	D	V	W	F	L	W	U	M	I	C	F

KARIERA
KOSZT
RABAT
PIENIĄDZE
EKONOMIA
PRACOWNIK
PRACODAWCA
FIRMA
FABRYKA
FINANSE

PODATKI
INWESTYCJA
TOWAR
WALUTA
BIURO
PERSONEL
BUDŻET
SKLEP
TRANSAKCJA
SPRZEDAŻ

15 - Jardín

W	V	D	U	F	T	K	G	W	Z	L	G	Ł	H	R	T
S	T	A	W	O	A	S	M	R	S	X	P	I	O	C	R
E	Z	Q	K	G	R	A	X	O	A	T	A	P	O	Ł	A
U	V	H	Ł	R	A	D	V	F	N	B	K	N	K	Ł	W
P	P	Ł	G	O	S	Y	A	Z	I	Ł	I	G	N	H	A
L	J	K	R	D	W	V	F	T	L	S	N	E	T	I	B
H	S	R	W	Z	N	Z	G	E	O	R	W	N	N	A	R
D	O	W	S	E	E	O	Q	G	P	I	A	Ł	Z	J	Y
R	O	C	D	N	D	W	B	G	M	S	R	E	B	M	J
Z	A	G	H	I	A	V	J	L	A	N	T	A	I	W	K
E	V	T	Ł	E	D	M	K	E	R	N	N	K	Y	W	A
W	T	T	R	W	O	V	K	B	T	V	G	R	G	E	Z
O	Q	R	W	H	G	H	Ż	A	R	A	G	A	J	U	R
Ł	A	W	K	A	R	W	Ą	Ż	M	G	Q	G	N	H	K
G	L	Q	Z	O	Ó	C	Y	T	S	A	W	H	C	E	N
A	Y	U	M	M	D	J	B	I	U	K	H	G	G	F	K

KRZAK
DRZEWO
ŁAWKA
TRAWNIK
STAW
KWIAT
GARAŻ
HAMAK
TRAWA
SAD
OGRÓD
CHWASTY
WĄŻ
ŁOPATA
GANEK
GRABIE
GLEBA
TARAS
TRAMPOLINA
OGRODZENIE

16 - Países #2

P	J	A	M	A	J	K	A	I	N	O	P	A	J	J	F
E	A	I	R	T	S	U	A	I	D	N	A	L	R	I	R
U	N	K	Q	O	O	M	E	K	S	Y	K	A	I	X	A
Ł	I	A	I	L	A	G	U	T	R	O	P	C	K	R	N
N	A	D	U	S	L	Ł	P	S	J	I	T	G	R	E	C
G	R	Z	L	Z	T	O	U	X	P	T	B	T	Q	T	J
K	K	E	E	F	A	A	J	Z	E	N	O	D	N	I	A
T	U	R	O	K	L	I	N	Ł	M	P	Q	Q	J	O	I
D	A	N	I	A	B	R	C	W	Y	B	P	W	E	P	L
G	J	Ł	F	J	A	Y	A	B	W	R	L	Y	E	I	A
G	C	Q	M	S	N	S	N	H	I	B	O	R	E	A	R
A	E	E	Z	O	I	T	K	A	P	O	K	B	J	O	T
X	R	S	F	R	A	Ł	C	Y	J	Q	U	A	C	Z	S
V	G	V	C	W	Y	S	X	G	Q	K	N	A	I	L	U
F	S	L	N	Q	X	G	Ł	V	F	M	W	S	D	M	A
U	G	A	N	D	A	W	T	D	J	D	W	K	T	H	S

ALBANIA
AUSTRALIA
AUSTRIA
DANIA
ETIOPIA
FRANCJA
GRECJA
INDONEZJA
IRLANDIA
JAMAJKA
JAPONIA
LAOS
MEKSYK
PAKISTAN
PORTUGALIA
ROSJA
SYRIA
SUDAN
UKRAINA
UGANDA

17 - Números

G	T	V	C	E	P	W	J	N	K	X	C	O	S	N	D
J	F	R	Ć	Ę	I	S	E	I	Z	D	J	P	Z	P	Z
S	Q	J	Z	W	M	H	D	C	E	E	V	C	E	I	I
I	M	V	T	Y	Q	O	E	P	Z	I	L	F	S	Ę	E
Ł	J	Q	W	N	N	A	N	S	B	C	W	F	N	T	W
Z	M	B	C	T	F	A	Ć	E	V	Ś	E	T	A	N	I
Ł	E	H	O	Ę	Y	C	Ś	I	Y	A	C	Ł	Ś	A	Ę
M	I	R	Q	I	S	Z	E	C	E	N	J	E	C	Ś	Ć
K	S	T	O	S	D	T	Z	Ś	I	R	T	F	I	C	P
H	O	T	Z	E	N	E	S	A	C	E	Y	R	E	I	I
D	L	C	H	I	Z	R	F	N	Ś	T	R	N	Z	E	Ę
V	N	M	T	Z	D	Y	B	M	A	Z	G	A	E	Y	Ć
C	K	D	C	D	V	I	O	E	N	C	L	P	Z	H	Q
S	I	E	D	E	M	B	L	I	A	X	I	Q	Ł	T	H
J	T	Y	T	A	X	K	C	S	W	B	O	J	S	Y	P
A	B	N	L	Z	A	N	S	O	D	D	W	A	W	H	B

CZTERNAŚCIE
ZERO
PIĘĆ
CZTERY
DZIESIĘTNY
OSIEMNAŚCIE
SZESNAŚCIE
DZIESIĘĆ
DWANAŚCIE
DWA
DZIEWIĘĆ
OSIEM
PIĘTNAŚCIE
SZEŚĆ
SIEDEM
TRZYNAŚCIE
TRZY
JEDEN

18 - Física

R	G	P	Ć	C	P	Z	Ł	Ł	Q	T	J	G	W	S	C
H	R	R	Ś	I	H	K	X	G	M	O	U	C	D	Z	Z
E	A	Ę	O	Ł	A	A	K	I	N	A	H	C	E	M	Ą
L	W	D	N	B	P	K	O	B	C	A	W	N	V	Z	S
G	I	K	D	U	E	T	K	S	H	M	P	M	T	Y	T
R	T	O	Ę	T	V	S	G	I	E	G	T	B	Y	T	E
G	A	Ś	L	F	T	Ą	Z	P	M	O	T	A	F	E	C
A	C	Ć	G	G	C	Z	M	I	I	J	Z	X	L	N	Z
Z	J	Y	Z	L	Ł	C	I	K	C	V	E	H	T	G	K
S	A	T	W	Ł	V	F	E	M	Z	Q	G	P	E	A	A
G	Ę	S	T	O	Ś	Ć	N	Y	N	M	D	U	I	M	B
D	K	D	H	Ł	R	V	N	N	Y	N	A	P	E	G	Ł
S	I	L	N	I	K	D	A	P	E	O	V	S	A	K	F
F	O	R	M	U	Ł	A	Ą	Z	A	R	F	U	A	Z	X
E	L	E	K	T	R	O	N	J	V	Z	U	Ł	Z	Ł	A
U	N	I	W	E	R	S	A	L	N	Y	G	Ł	V	V	R

ATOM
CHAOS
GĘSTOŚĆ
ELEKTRON
FORMUŁA
GAZ
GRAWITACJA
MAGNETYZM
MASA
MECHANIKA
CZĄSTECZKA
SILNIK
JĄDROWY
CZĄSTKA
CHEMICZNY
WZGLĘDNOŚĆ
UNIWERSALNY
ZMIENNA
PRĘDKOŚĆ

19 - Belleza

C	E	B	P	O	W	N	X	R	K	V	N	T	P	R	F
D	H	W	U	T	Y	G	Ł	O	U	S	Ł	U	G	I	O
W	R	Y	N	G	I	V	G	A	L	N	A	S	C	A	T
S	Z	M	I	N	K	A	D	L	S	E	L	O	K	E	O
T	U	S	Z	D	O	R	Z	Ę	S	K	J	Y	O	L	G
U	R	O	K	V	L	R	A	T	Y	Z	A	E	S	E	E
P	B	M	N	O	Ż	Y	C	Z	K	I	P	V	M	G	N
H	C	A	P	A	Z	B	G	Q	C	W	R	L	E	A	I
T	F	K	S	Z	A	M	P	O	N	Z	O	U	T	N	C
Y	Ł	I	K	C	N	A	G	E	L	E	D	S	Y	C	Z
B	D	J	Ł	N	C	O	L	P	U	G	U	T	K	J	N
S	P	A	T	S	I	L	Y	T	S	E	K	R	I	A	Y
F	K	Ż	C	X	U	I	R	F	V	C	T	O	O	R	C
O	V	Ó	E	T	Q	J	O	X	C	Z	Y	S	Y	F	O
W	E	G	R	O	L	O	K	W	Y	N	S	E	W	M	R
J	R	K	N	A	Y	Y	G	C	Y	V	C	X	S	C	Q

OLEJE
SZAMPON
KOLOR
KOSMETYKI
ELEGANCJA
ELEGANCKI
UROK
LUSTRO
STYLISTA
FOTOGENICZNY
ZAPACH
ŁASKA
MAKIJAŻ
SKÓRA
SZMINKA
PRODUKTY
LOKI
TUSZ DO RZĘS
USŁUGI
NOŻYCZKI

20 - Países #1

A	R	G	E	N	T	Y	N	A	M	S	T	L	B	K	M
L	E	K	W	A	D	O	R	I	I	A	T	P	E	A	A
I	I	G	W	B	Z	H	Q	G	N	R	L	B	L	N	R
H	P	B	I	Ł	S	Ł	L	E	D	U	Q	I	G	A	O
U	S	C	I	P	V	K	W	W	I	D	W	U	I	D	K
B	U	W	J	A	U	R	S	R	E	N	L	E	A	A	O
P	O	L	S	K	A	Y	Q	O	T	O	C	O	V	U	U
P	O	Z	B	Q	U	N	H	N	T	H	C	H	P	G	D
Y	Ł	G	H	H	D	X	I	C	K	D	N	J	Z	A	J
C	V	L	O	T	P	G	S	T	O	U	D	B	O	R	X
B	D	C	Ł	Ł	Z	K	Z	R	Q	Ł	D	Q	I	A	H
C	K	W	B	Ł	M	T	P	I	G	E	W	V	J	K	P
P	A	N	A	M	A	H	A	B	R	A	Z	Y	L	I	A
Z	E	Q	M	X	P	Y	N	I	P	I	L	I	F	N	X
Ł	B	R	J	O	X	F	I	J	I	H	U	K	T	X	O
N	I	E	M	C	Y	Ł	A	L	E	U	Z	E	N	E	W

NIEMCY
ARGENTYNA
BELGIA
BRAZYLIA
KANADA
EKWADOR
EGIPT
HISZPANIA
FILIPINY
HONDURAS
INDIE
WŁOCHY
LIBIA
MALI
MAROKO
NIKARAGUA
NORWEGIA
PANAMA
POLSKA
WENEZUELA

21 - Mitología

K	W	D	V	P	U	B	L	W	K	P	D	N	W	K	N
R	N	Z	F	Ć	P	Ó	A	I	A	Z	O	G	X	Y	R
H	U	W	Q	Ś	A	S	B	E	T	A	V	T	V	G	Ł
G	R	Z	M	O	T	T	I	R	A	C	S	Ś	W	Q	Q
B	O	W	L	R	S	W	R	Z	S	H	T	M	P	Ó	D
O	I	G	L	D	M	B	Y	E	T	O	W	I	G	T	R
H	P	U	D	Z	E	T	N	N	R	W	O	E	J	M	C
A	K	K	K	A	Z	P	T	I	O	A	R	R	W	L	A
T	R	E	J	Z	B	V	H	A	F	N	Z	T	O	Ł	M
E	E	L	E	G	E	N	D	A	A	I	E	E	J	M	Y
R	A	K	U	L	T	U	R	A	Z	E	N	L	O	C	N
F	C	A	S	P	J	N	Z	F	N	A	I	N	W	X	J
Ł	J	A	R	C	H	E	T	Y	P	I	E	Y	N	Y	X
Q	A	O	Ł	M	Y	W	Z	V	H	R	E	U	I	G	G
L	O	H	K	I	U	S	O	U	U	B	H	B	K	Z	P
Z	E	E	V	M	S	D	S	K	J	N	A	V	O	D	M

ARCHETYP
ZAZDROŚĆ
NIEBO
ZACHOWANIE
KREACJA
WIERZENIA
STWORZENIE
KULTURA
BÓSTW
KATASTROFA
SIŁA
WOJOWNIK
BOHATER
LABIRYNT
LEGENDA
POTWÓR
ŚMIERTELNY
PIORUN
GRZMOT
ZEMSTA

22 - Ecología

P	Z	B	T	I	W	R	C	P	Z	G	B	B	N	M	Ś
H	R	H	A	A	K	Q	O	O	F	D	L	A	A	D	W
C	Ó	Z	Z	G	E	Ć	K	Ś	R	A	X	I	T	B	I
J	W	F	S	V	N	Ś	S	I	L	O	H	Q	U	B	A
Z	N	L	U	A	U	O	I	Y	N	I	Ś	L	R	I	T
A	O	O	S	S	T	N	L	C	B	K	N	L	A	G	O
S	W	R	H	U	A	D	D	C	N	S	B	N	I	B	W
O	A	A	L	Y	G	O	E	E	H	R	Y	Q	O	N	Y
B	Ż	N	Ł	Q	S	R	I	V	Y	O	M	Y	Ł	Ś	Y
Y	O	U	C	T	X	O	S	G	Z	M	W	P	A	K	Ć
Y	N	A	I	U	Y	N	L	A	R	U	T	A	N	L	P
Y	Y	F	M	S	B	Ż	O	T	B	M	D	Y	A	I	K
U	D	N	F	X	H	Ó	Y	N	P	L	F	R	I	M	X
Ł	E	I	N	A	W	R	T	E	Z	R	P	F	M	A	Z
S	P	O	Ł	E	C	Z	N	O	Ś	C	I	L	D	T	Z
O	C	E	Z	S	U	I	R	A	T	N	O	L	O	W	T

KLIMAT
SPOŁECZNOŚCI
RÓŻNORODNOŚĆ
GATUNEK
FAUNA
FLORA
ŚWIATOWY
SIEDLISKO
MORSKI
NATURALNY
NATURA
BAGNO
ROŚLINY
ZASOBY
SUSZA
ZRÓWNOWAŻONY
PRZETRWANIE
ODMIANA
ROŚLINNOŚĆ
WOLONTARIUSZE

23 - Casa

Ś	C	I	A	N	A	E	U	U	G	D	Ł	X	P	Q	F
D	Y	W	A	N	U	B	D	O	S	M	Ż	A	R	A	G
O	O	B	Q	U	H	P	R	M	C	Ł	R	C	C	B	M
T	N	O	G	R	Ó	D	A	I	N	L	A	I	P	Y	S
L	A	M	P	A	B	A	K	E	I	V	R	N	R	G	T
Y	O	G	R	O	D	Z	E	N	I	E	B	W	K	W	Y
C	O	V	V	Q	B	P	T	U	I	M	S	I	R	E	N
K	O	M	I	N	E	K	O	R	T	Ę	I	P	A	I	C
K	P	L	V	M	X	L	I	D	G	Ł	G	O	N	K	O
U	R	K	U	A	L	H	L	K	A	K	B	Ł	T	P	A
C	Y	I	Y	S	J	C	B	Y	D	C	Q	S	R	Ł	F
H	S	W	Ł	C	T	Y	I	W	S	D	H	J	J	D	A
N	Z	R	Z	Y	C	R	B	O	C	L	L	A	U	W	T
I	N	D	N	K	X	T	O	G	W	E	P	C	I	H	M
A	I	W	Z	R	D	S	M	H	V	V	W	S	Ł	G	P
Y	C	W	M	P	T	M	M	G	H	U	F	J	L	W	Q

DYWAN
STRYCH
BIBLIOTEKA
KOMINEK
KUCHNIA
SYPIALNIA
PRYSZNIC
MIOTŁA
LUSTRO
GARAŻ
KRAN
OGRÓD
LAMPA
ŚCIANA
PIĘTRO
DRZWI
PIWNICA
DACH
OGRODZENIE
OKNO

24 - Salud y Bienestar #2

K	X	J	H	Z	Ł	K	A	N	I	M	A	T	I	W	G
O	W	L	G	U	V	X	A	W	X	C	T	D	Ł	Q	T
G	E	N	E	T	Y	K	A	I	P	S	E	R	T	S	T
A	O	R	Ł	A	U	N	P	L	A	T	I	P	Z	S	C
Y	I	Ż	H	Z	W	X	F	Q	P	Z	D	R	O	W	Y
T	R	A	W	I	E	N	I	E	E	Y	O	C	F	G	F
A	T	S	I	B	R	C	O	O	T	H	Q	P	K	H	E
J	G	A	D	M	K	Z	Q	A	Y	R	P	L	K	G	N
C	Z	M	J	Q	O	W	R	L	T	N	N	K	S	T	A
K	K	W	H	W	J	T	A	I	G	R	E	N	E	C	P
E	A	I	G	R	E	L	A	G	R	I	M	O	P	S	X
F	U	L	V	S	U	Z	T	N	A	N	E	I	G	I	H
N	Ł	E	O	M	Y	T	M	B	A	B	O	R	O	H	C
I	T	W	Ł	R	V	L	U	E	Y	M	I	G	Y	X	H
H	M	F	H	E	I	N	E	I	N	D	O	W	D	O	G
K	T	G	E	I	N	A	I	W	Y	Ż	D	O	N	Y	R

- ALERGIA
- ANATOMIA
- APETYT
- KALORIA
- ODWODNIENIE
- DIETA
- TRAWIENIE
- ENERGIA
- CHOROBA
- STRES
- GENETYKA
- HIGIENA
- SZPITAL
- INFEKCJA
- MASAŻ
- ODŻYWIANIE
- WAGA
- ZDROWY
- KREW
- WITAMINA

25 - Adjetivos #1

M	C	K	L	P	Z	H	O	S	Q	R	X	A	U	K	Y
P	Ł	I	I	L	O	W	O	P	R	A	C	T	C	M	D
H	K	O	Ę	J	Y	W	Ł	L	P	A	G	R	Z	Ł	Y
Y	X	Ł	D	Ż	J	R	A	P	X	J	S	A	C	D	D
G	J	T	I	Y	K	Z	I	Ż	A	F	Y	K	I	U	A
O	Z	F	B	L	O	I	W	D	N	Ł	A	C	W	Ż	R
N	O	W	O	C	Z	E	S	N	Y	Y	M	Y	Y	Y	O
D	T	W	H	M	N	F	N	V	N	Ł	B	J	N	N	M
Ł	H	J	A	L	W	A	I	H	Ż	A	I	N	M	T	A
V	E	P	N	T	A	K	E	I	A	N	T	Y	E	U	T
K	K	U	Q	W	J	T	W	L	W	O	N	N	I	L	Y
X	T	Q	M	H	F	Y	I	V	E	K	Y	M	C	O	C
W	J	A	S	N	Y	W	N	C	M	S	N	O	N	S	Z
Z	X	K	X	R	Y	N	N	E	C	O	J	R	I	B	N
P	D	U	J	F	M	Y	Y	P	D	D	O	G	Q	A	Y
K	E	Z	C	S	V	U	L	Ł	V	B	H	O	P	H	F

ABSOLUTNY
AKTYWNY
AMBITNY
AROMATYCZNY
ATRAKCYJNY
JASNY
OGROMNY
HOJNY
DUŻY
UCZCIWY
WAŻNY
NIEWINNY
MŁODY
POWOLI
NOWOCZESNY
CIEMNY
DOSKONAŁY
CIĘŻKI
POWAŻNY
CENNY

26 - Familia

M	V	K	E	Y	T	Z	W	S	Y	E	D	Z	A	N	S
B	A	C	I	O	T	K	A	B	U	Ł	Z	C	Ł	B	I
A	F	T	D	X	Y	K	E	Ł	C	E	I	C	J	O	O
B	W	X	K	S	I	O	S	T	R	A	A	T	I	Z	S
C	U	J	P	A	C	K	D	I	M	Y	D	L	U	A	T
I	J	O	P	T	E	C	J	G	O	U	E	V	W	R	R
A	E	T	A	G	I	E	C	W	M	I	K	T	D	T	Z
D	K	K	G	A	Z	I	K	E	N	A	T	A	R	B	E
D	G	T	C	W	D	Z	E	A	Y	U	Ł	R	K	I	N
V	U	D	G	P	M	D	D	Z	Z	N	K	B	Z	T	I
Ł	O	I	C	X	M	Q	O	W	U	D	Ż	E	Z	Ł	C
P	W	A	M	A	N	V	Z	T	K	W	F	O	K	P	A
W	M	P	Z	V	B	V	R	M	V	Y	K	M	N	F	X
V	Y	I	U	G	Ł	X	P	Z	H	K	M	Ą	K	A	D
M	A	C	I	E	R	Z	Y	Ń	S	K	I	Ż	N	F	O
C	Ó	R	K	A	D	Z	I	E	C	I	Ń	S	T	W	O

BABCIA
DZIADEK
PRZODEK
ŻONA
SIOSTRA
BRAT
CÓRKA
DZIECIŃSTWO
MATKA
MĄŻ
MACIERZYŃSKI
WNUK
DZIECKO
DZIECI
OJCIEC
KUZYN
SIOSTRZENICA
BRATANEK
CIOTKA
WUJEK

27 - Disciplinas Científicas

B	A	O	J	C	H	U	E	N	K	M	A	P	O	M	A
O	I	L	J	H	B	O	J	E	I	E	S	S	T	E	R
D	G	O	D	F	D	X	Y	U	Q	C	T	Y	G	T	C
Ż	O	I	L	S	A	S	Ł	R	M	H	R	C	E	E	H
Y	L	M	M	O	I	D	D	O	O	A	O	H	A	O	E
W	O	M	I	Z	G	A	O	L	X	N	N	O	N	R	O
I	J	U	N	O	O	I	U	O	K	I	O	L	A	O	L
A	C	N	E	O	L	G	A	G	S	K	M	O	T	L	O
N	O	O	R	L	O	O	I	I	C	A	I	G	O	O	G
I	S	L	A	O	E	L	M	A	X	H	A	I	M	G	I
E	F	O	L	G	G	O	E	C	X	G	E	A	I	I	A
U	X	G	O	I	S	J	H	X	K	G	J	M	A	A	O
C	X	I	G	A	V	Z	C	M	W	N	M	M	I	Q	N
T	X	A	I	V	N	I	O	L	T	R	U	C	S	A	C
W	L	K	A	Z	C	F	I	E	K	O	L	O	G	I	A
A	K	I	N	A	T	O	B	Q	X	Q	W	O	Y	C	Z

ANATOMIA
ARCHEOLOGIA
ASTRONOMIA
BIOLOGIA
BIOCHEMIA
BOTANIKA
EKOLOGIA
FIZJOLOGIA
GEOLOGIA
IMMUNOLOGIA
MECHANIKA
METEOROLOGIA
MINERALOGIA
NEUROLOGIA
ODŻYWIANIE
PSYCHOLOGIA
CHEMIA
SOCJOLOGIA
ZOOLOGIA

28 - Cocina

V	K	Y	W	A	R	P	Y	Z	R	P	S	X	W	Ł	W
J	E	Ś	Ć	L	A	I	F	H	J	G	Q	G	I	G	L
N	Q	V	T	H	R	E	K	A	O	Y	D	Ą	D	Ż	O
Ł	J	Ł	X	C	R	K	I	B	R	R	E	B	E	Y	D
E	T	Y	L	O	Z	A	N	P	U	T	O	K	L	W	Ó
E	Z	Ż	Ł	H	D	R	J	O	R	K	U	A	C	N	W
H	Q	K	N	C	E	N	A	B	A	Z	F	C	E	O	K
I	C	I	O	M	Z	I	Z	Y	O	Ł	E	H	H	Ś	A
E	S	H	Ż	E	Z	K	C	I	E	Z	M	P	F	Ć	K
O	R	T	E	H	L	R	P	Z	Q	B	H	W	I	Q	S
D	Z	B	A	N	E	K	X	J	E	H	G	A	C	S	I
Y	I	L	Z	A	M	R	A	Ż	A	R	K	A	P	M	M
B	B	L	S	B	A	X	Q	U	R	R	G	T	N	O	O
F	W	I	K	Z	C	E	Ł	A	P	T	M	G	D	Y	W
S	E	R	W	E	T	K	A	F	G	B	K	Q	Q	Q	A
Ł	A	G	L	I	C	X	B	X	V	H	D	A	M	C	O

CZAJNIK
JEŚĆ
ŻYWNOŚĆ
ZAMRAŻARKA
ŁYŻKI
CHOCHLA
NOŻE
FARTUCH
PRZYPRAWY
GĄBKA
PIEKARNIK
DZBANEK
PAŁECZKI
GRILL
PRZEPIS
LODÓWKA
SERWETKA
KUBKI
MISKA
WIDELCE

29 - Moda

E	N	P	W	U	K	T	P	R	H	T	X	X	J	J	L
H	L	Z	Y	N	A	W	O	N	I	F	A	R	Y	W	C
A	Y	E	O	R	F	W	M	S	K	R	O	M	N	Y	Q
F	T	O	G	G	E	X	I	G	O	R	D	X	B	Z	Y
T	S	Z	B	A	A	E	A	J	C	N	E	D	N	E	T
O	C	Ł	H	Y	N	M	R	F	N	J	N	K	P	O	S
W	C	I	K	S	I	C	Y	Z	R	P	O	O	R	D	O
I	Z	F	X	L	N	B	K	N	Z	L	W	R	A	Z	R
O	S	Ó	J	K	A	C	U	I	T	Ł	O	O	K	I	P
R	Q	V	R	X	K	K	H	T	E	J	C	N	T	E	C
Y	B	J	S	Y	T	M	B	M	I	E	Z	K	Y	Ż	A
G	P	O	X	Ł	H	G	R	Ł	B	K	E	I	C	Q	C
I	G	L	P	J	W	K	N	F	U	I	S	Z	Z	Q	D
N	D	N	I	E	D	R	O	G	I	E	N	M	N	X	M
A	R	U	T	S	K	E	T	C	F	K	Y	F	Y	L	B
Ł	J	L	Y	D	I	C	M	Ł	Z	G	E	D	R	G	Y

NIEDROGIE
HAFT
PRZYCISKI
BUTIK
DROGI
ELEGANCKI
KORONKI
STYL
POMIARY
NOWOCZESNY
SKROMNY
ORYGINAŁ
WZÓR
PRAKTYCZNY
ODZIEŻ
PROSTY
WYRAFINOWANY
TKANINA
TENDENCJA
TEKSTURA

30 - Electricidad

T	E	L	E	W	I	Z	J	A	P	U	M	Q	M	L	C
Ż	A	R	Ó	W	K	A	G	C	L	M	I	L	T	G	C
I	E	L	E	K	T	R	Y	K	U	K	N	Q	E	J	D
G	E	N	E	R	A	T	O	R	S	Q	U	Ć	L	C	O
E	L	E	K	T	R	Y	C	Z	N	Y	S	Ś	E	N	A
K	A	B	E	L	P	Y	T	K	E	I	B	O	F	U	X
W	T	U	Y	S	I	R	Ę	V	I	X	Q	L	O	Y	S
K	Z	M	T	H	G	E	Z	X	N	Z	Z	I	N	C	G
I	O	G	U	Q	B	S	R	E	A	S	V	C	J	V	D
X	B	T	N	B	U	A	P	X	W	L	A	M	P	A	O
L	C	S	M	I	P	L	S	U	O	O	T	H	T	K	B
F	K	I	Y	A	A	G	L	C	D	G	D	Q	Y	M	M
V	P	F	S	O	G	Z	I	Y	A	V	Z	Y	Y	D	U
F	V	J	Y	R	Ł	N	D	I	Ł	I	O	N	W	S	J
K	C	C	S	I	E	Ć	E	O	K	I	N	F	N	Q	F
B	A	T	E	R	I	A	R	S	S	Ł	S	Ł	K	Y	Q

SKŁADOWANIE
BATERIA
ŻARÓWKA
KABEL
PRZEWODY
ILOŚĆ
ELEKTRYK
ELEKTRYCZNY
GNIAZDO
SPRZĘT
GENERATOR
MAGNES
LAMPA
LASER
MINUS
OBIEKTY
PLUS
SIEĆ
TELEWIZJA
TELEFON

31 - Salud y Bienestar #1

N	L	P	C	T	A	L	E	Z	L	W	L	I	W	D	K
X	A	Ł	S	Ć	P	E	N	N	Ł	G	H	E	I	L	L
T	Y	W	J	Ś	T	K	F	A	M	A	W	V	R	Z	I
L	B	B	Y	O	E	A	R	Y	O	I	M	P	U	X	N
Z	A	D	N	K	K	R	E	L	N	L	Ę	A	S	F	I
U	K	Y	O	O	A	Z	L	U	K	T	W	Ś	N	M	K
Q	T	R	M	S	I	D	A	S	K	Ó	R	A	N	I	A
F	E	N	R	Y	P	C	K	F	M	W	K	S	M	I	E
V	R	E	O	W	A	A	S	G	G	H	M	U	C	C	E
N	I	C	H	N	R	M	E	D	Y	C	Y	N	A	Ś	I
Z	A	L	S	R	E	P	X	X	R	U	N	G	W	O	N
O	I	R	L	Q	T	P	U	S	R	R	P	Y	A	K	E
T	J	N	G	W	N	O	X	J	A	D	Ł	M	T	K	Z
X	T	Y	V	M	P	B	H	E	Q	O	Y	O	S	T	C
G	Ł	Ó	D	N	S	X	V	X	Y	I	R	G	O	E	E
K	Z	A	K	T	Y	W	N	Y	H	B	W	T	P	E	L

AKTYWNY
WYSOKOŚĆ
BAKTERIA
KLINIKA
LEKARZ
APTEKA
ZŁAMANIE
GŁÓD
NAWYK
HORMONY
KOŚCI
MEDYCYNA
MIĘŚNIE
SKÓRA
POSTAWA
ODRUCH
RELAKS
TERAPIA
LECZENIE
WIRUS

32 - Adjetivos #2

Z	O	C	P	E	K	I	M	Z	J	W	L	S	X	P	N
F	M	S	U	C	H	Y	O	U	O	M	E	Ł	W	R	Y
A	Ł	Ę	N	O	W	Y	H	H	A	F	Z	O	B	O	I
O	B	Y	C	Ą	J	U	S	E	R	E	T	N	I	D	L
T	L	K	M	Z	S	Ł	O	D	K	I	E	Y	I	U	C
Ł	W	Z	D	R	O	M	O	Q	A	Z	F	N	F	K	N
M	G	F	Y	N	T	N	A	K	I	P	Ł	L	E	T	T
S	L	O	E	E	H	M	Y	G	B	W	W	I	X	Y	N
Ś	D	R	A	M	A	T	Y	C	Z	N	Y	S	Y	W	A
E	W	O	P	I	S	O	W	Y	W	O	R	D	Z	N	T
Ł	Q	I	K	C	N	A	G	E	L	E	L	D	C	Y	U
T	I	T	E	N	O	R	M	A	L	N	A	D	R	P	R
C	L	Y	V	Ż	S	Ł	A	W	N	Y	Q	U	Ó	N	A
Z	E	U	U	D	Y	N	L	A	D	A	J	M	W	X	L
H	R	K	J	O	B	L	Ł	Q	R	O	C	N	T	I	N
G	W	E	L	G	N	Z	B	L	Z	V	S	Y	E	G	Y

ZMĘCZONY
JADALNY
TWÓRCZY
OPISOWY
DRAMATYCZNY
SŁODKIE
ELEGANCKI
SŁAWNY
ŚWIEŻY
SILNY
INTERESUJĄCY
NATURALNY
NORMALNA
NOWY
DUMNY
PIKANTNY
PRODUKTYWNY
SŁONY
ZDROWY
SUCHY

33 - Cuerpo Humano

Ł	Y	Z	V	N	O	G	A	N	O	Q	Z	M	N	X	K
Ł	N	H	A	I	I	Z	S	O	K	I	M	E	B	Z	V
F	Q	W	N	A	R	Ó	K	S	O	C	O	L	R	P	O
E	T	W	A	R	Z	M	J	Y	J	T	R	Z	I	X	M
R	K	P	J	F	R	Z	Q	Q	Q	Y	L	Ć	Ł	U	A
I	O	B	Y	L	P	A	Z	N	P	A	L	E	C	F	Q
X	L	U	Z	J	U	O	M	K	R	E	W	I	B	X	G
G	A	N	S	M	Ę	L	D	I	V	S	E	K	N	U	Ł
Y	N	G	P	I	T	Z	K	B	Ę	T	E	O	R	E	O
O	O	A	C	N	H	V	Y	W	R	S	K	Ł	L	L	W
V	W	K	U	B	J	S	Y	K	C	Ó	Y	B	W	F	A
U	S	T	A	R	E	P	N	H	V	W	D	R	K	T	L
P	P	S	G	N	G	P	S	M	N	A	Z	E	U	Z	Y
Y	L	O	D	W	I	U	C	H	O	W	F	Y	K	G	V
R	Ę	K	A	J	E	B	J	S	E	R	C	E	S	W	Y
J	M	P	E	O	P	E	L	Z	A	K	M	Y	G	T	M

PODBRÓDEK
USTA
GŁOWA
TWARZ
MÓZG
ŁOKIEĆ
SERCE
SZYJA
PALEC
RAMIĘ
JĘZYK
RĘKA
NOS
OKO
UCHO
SKÓRA
NOGA
KOLANO
KREW
KOSTKA

34 - Calentamiento Global

E	N	E	R	G	I	A	N	Ł	P	H	R	T	F	Y	Ś
L	S	N	I	J	K	K	A	H	O	N	Z	E	O	O	R
A	N	C	S	V	L	Q	U	W	P	I	Ą	M	O	M	O
P	R	T	Q	M	I	K	K	W	U	Z	D	P	K	K	D
F	R	K	A	K	M	X	O	M	L	Z	J	E	A	O	O
L	S	Z	T	H	A	O	W	O	A	M	L	R	W	N	W
E	D	W	Y	Y	T	W	I	Y	C	I	S	A	J	S	I
T	J	F	Y	S	C	J	E	P	J	A	N	T	U	E	S
F	O	S	D	Y	Z	Z	C	S	E	N	G	U	Y	K	K
Q	J	E	Q	Z	E	Ł	N	M	N	Y	E	R	M	W	O
A	Ó	E	H	Y	Z	T	O	Y	A	U	O	Y	J	E	U
W	W	V	C	R	P	N	E	Ś	D	O	C	N	C	N	G
Q	Z	P	U	K	R	Y	N	R	Ć	T	L	W	A	C	K
P	O	K	O	L	E	N	I	A	A	G	A	W	U	J	G
U	R	K	Ł	C	Ł	S	Y	M	E	Z	R	P	L	E	A
U	S	T	A	W	O	D	A	W	S	T	W	O	B	G	Z

TERAZ
ŚRODOWISKO
UWAGA
ARKTYCZNY
ZMIANY
NAUKOWIEC
KLIMAT
KONSEKWENCJE
KRYZYS
DANE
ROZWÓJ
ENERGIA
PRZYSZŁOŚĆ
GAZ
POKOLENIA
RZĄD
PRZEMYSŁ
USTAWODAWSTWO
POPULACJE
TEMPERATURY

35 - Ciencia

N	T	Z	I	M	Z	I	N	A	G	R	O	J	W	D	N
Ć	J	B	G	T	N	E	M	Y	R	E	P	S	K	E	Y
Ś	Y	Q	N	Q	P	I	B	E	A	D	O	T	E	M	Q
O	W	M	T	Ł	G	M	N	M	W	K	V	G	O	R	F
Ł	N	U	D	A	N	E	Y	N	I	L	Ś	O	R	W	R
A	G	I	K	T	S	Ą	Z	C	T	Ł	U	O	E	B	A
I	T	R	F	K	G	L	Y	Ł	A	R	E	N	I	M	Y
N	J	O	J	I	Z	I	K	Z	C	E	T	S	Ą	Z	C
E	M	T	M	P	Z	Z	E	S	J	N	A	T	U	R	A
I	V	A	J	T	C	Y	M	K	A	T	X	Q	N	L	Z
M	Ł	R	F	F	W	T	K	E	L	X	Q	X	I	S	E
A	X	O	A	G	J	V	L	A	S	I	C	P	Q	I	T
K	F	B	K	C	C	Y	N	Z	C	I	M	E	H	C	O
S	W	A	T	E	W	O	L	U	C	J	A	A	W	Y	P
J	Y	L	N	A	U	K	O	W	I	E	C	E	T	Y	I
P	H	Q	I	K	E	D	O	R	I	C	G	V	U	W	H

ATOM
NAUKOWIEC
KLIMAT
DANE
EWOLUCJA
EKSPERYMENT
FIZYKA
SKAMIENIAŁOŚĆ
GRAWITACJA
FAKT

HIPOTEZA
LABORATORIUM
METODA
MINERAŁY
CZĄSTECZKI
NATURA
ORGANIZM
CZĄSTKI
ROŚLINY
CHEMICZNY

36 - Restaurante #2

B	Ł	A	L	Ł	L	L	S	W	I	D	E	L	E	C	Ł
C	J	H	R	F	C	I	A	S	T	O	O	G	J	F	Q
P	N	A	Q	Ł	V	M	O	W	O	C	T	E	N	O	O
A	P	U	Z	R	Z	L	P	W	O	Y	Z	G	J	G	Z
K	E	L	N	E	R	C	L	Y	N	A	P	Ó	J	C	W
T	J	V	W	A	F	Y	B	Ó	S	P	R	F	T	O	X
A	N	U	T	J	E	Q	N	K	D	Z	B	A	E	Ł	D
Ł	H	F	M	Z	X	O	L	W	N	M	N	W	R	I	P
A	V	N	M	S	R	Ł	A	R	O	M	Z	Y	D	U	H
S	A	K	W	A	T	S	Y	Z	R	P	B	Z	N	S	B
S	O	E	Ł	S	W	E	G	Ż	A	A	Z	R	J	E	M
S	W	X	J	Ó	P	Z	Ł	E	K	T	W	A	X	E	D
J	A	J	A	L	Y	R	L	Ł	A	A	X	W	O	D	A
R	Y	B	A	I	V	K	D	D	M	Y	H	E	C	Z	I
P	R	Z	Y	P	R	A	W	Y	I	Ł	Q	U	C	I	B
E	Y	L	B	X	U	A	A	E	W	E	W	X	U	N	O

WODA
PRZYSTAWKA
NAPÓJ
KELNER
OBIAD
ŁYŻKA
PYSZNY
SAŁATKA
PRZYPRAWY
MAKARON
OWOC
LÓD
JAJA
CIASTO
RYBA
SÓL
KRZESŁO
ZUPA
WIDELEC
WARZYWA

37 - Profesiones #1

K	Y	Z	U	M	B	B	J	E	N	T	J	N	M	L	P
S	A	A	O	I	K	N	A	P	L	E	Z	R	Y	P	I
T	T	R	M	D	I	L	Z	N	X	O	L	W	Ś	O	E
R	E	E	T	B	Y	J	U	Y	K	Ł	E	E	L	S	L
A	L	L	D	O	A	O	U	C	I	I	V	A	I	R	Ę
Ż	T	I	R	E	G	S	F	R	E	Q	E	H	W	E	G
A	A	B	U	N	J	R	A	B	G	O	W	R	Y	D	N
K	Q	U	Z	Z	X	T	A	D	R	E	C	P	A	A	I
L	J	J	I	T	G	K	U	F	O	U	Q	X	A	K	A
E	N	A	U	K	O	W	I	E	C	R	I	R	T	T	R
K	T	G	Y	K	L	P	I	A	N	I	S	T	A	O	K
A	R	E	Q	A	O	A	S	T	R	O	N	O	M	R	A
R	E	R	F	G	E	A	D	W	O	K	A	T	Q	Z	Q
Z	N	I	N	B	G	S	C	P	T	A	N	C	E	R	Z
U	E	H	Y	D	R	A	U	L	I	K	Z	Q	Y	W	O
O	R	P	S	Y	C	H	O	L	O	G	G	V	G	X	H

ADWOKAT
ASTRONOM
ATLETA
TANCERZ
BANKIER
STRAŻAK
KARTOGRAF
MYŚLIWY
NAUKOWIEC
LEKARZ
REDAKTOR
AMBASADOR
PIELĘGNIARKA
TRENER
HYDRAULIK
GEOLOG
JUBILER
MUZYK
PIANISTA
PSYCHOLOG

38 - Vehículos

S	R	N	Ł	K	I	N	G	Ą	I	C	R	Q	N	K	X
A	A	N	K	Ó	A	K	W	Ó	R	A	Ż	Ę	I	C	Q
M	K	R	U	U	D	R	X	N	J	V	A	Z	R	P	E
O	I	B	V	P	Y	Ź	A	W	T	A	R	T	V	A	N
C	E	F	Z	B	G	W	P	W	C	Q	O	E	L	S	C
H	T	C	O	P	O	N	Y	O	A	G	O	X	F	Z	N
Ó	A	E	S	N	U	V	I	L	D	N	D	R	V	S	S
D	N	I	N	A	U	Ł	Ó	D	Ź	W	A	C	R	P	I
G	S	W	A	G	J	C	J	N	Z	M	O	F	C	R	L
P	T	O	L	O	M	A	S	S	D	O	E	D	C	O	N
O	A	Ł	U	Y	H	S	U	S	K	G	B	T	N	M	I
C	X	G	B	Y	B	U	B	R	O	W	E	R	R	A	K
I	I	I	M	J	B	Q	O	Y	X	Y	A	T	B	O	Z
Ą	Z	M	A	J	H	I	T	E	Ł	D	L	Q	C	C	L
G	B	Ś	Z	K	H	W	U	S	G	Z	H	U	F	Y	D
H	X	S	A	Ł	E	V	A	K	N	P	H	V	C	N	A

AMBULANS
AUTOBUS
SAMOLOT
TRATWA
ŁÓDŹ
ROWER
CIĘŻARÓWKA
KARAWANA
SAMOCHÓD
RAKIETA
PROM
VAN
ŚMIGŁOWIEC
METRO
SILNIK
OPONY
ŁÓDŹ PODWODNA
TAXI
CIĄGNIK
POCIĄG

39 - Geometría

Q	Q	G	S	U	W	V	O	T	Ą	K	X	J	V	L	C
Y	H	X	E	C	E	U	N	F	R	A	I	M	Y	W	Z
L	O	G	I	K	A	S	A	M	V	Ó	N	O	Ł	D	Ł
K	P	Q	N	D	J	M	D	X	A	Q	J	U	I	C	O
R	O	Z	A	E	C	S	S	H	C	U	V	K	M	B	N
Z	W	C	N	F	R	M	E	D	I	A	N	A	Ą	E	N
Y	I	Z	W	Q	O	Ł	T	Z	N	Y	Y	S	R	T	R
W	E	Y	Ó	V	P	Y	W	X	D	Y	W	Y	Ó	O	B
A	R	W	R	G	O	W	U	O	E	V	E	M	W	B	Z
H	Z	O	Y	G	R	T	E	O	R	I	A	E	N	L	A
K	C	N	M	S	P	N	M	B	Ś	S	H	T	O	I	R
E	H	O	O	Ł	O	D	A	I	U	M	K	R	L	C	K
N	N	I	I	X	M	K	J	I	W	X	F	I	E	Z	E
I	I	P	Z	N	G	C	O	G	L	O	G	A	G	E	D
O	A	F	O	O	V	M	Q	Ś	A	T	R	T	Ł	Ń	T
E	Q	E	P	X	W	I	I	M	Ć	T	D	W	Y	O	S

WYSOKOŚĆ
KĄT
OBLICZEŃ
KRZYWA
ŚREDNICA
WYMIAR
RÓWNANIE
POZIOMY
LOGIKA
MASA
MEDIANA
NUMER
RÓWNOLEGŁY
PROPORCJA
CZŁON
SYMETRIA
POWIERZCHNIA
TEORIA
TRÓJKĄT
PIONOWY

40 - Vacaciones #2

J	L	C	U	D	Z	O	Z	I	E	M	I	E	C	T	R
Z	E	O	A	I	M	W	U	K	Ł	V	J	Q	T	R	E
K	L	W	T	V	J	Ł	T	Q	E	E	Y	O	A	E	S
V	A	X	K	N	Ł	Y	A	A	O	C	R	K	E	J	T
H	O	T	E	L	I	W	I	Z	A	H	W	T	A	C	A
P	Ł	Y	N	G	H	S	O	B	S	W	G	K	I	A	U
A	P	S	Y	W	T	Y	K	D	Ł	V	U	P	C	W	R
S	A	E	Z	R	O	M	C	O	H	Ł	N	H	Ę	R	A
Z	L	P	C	H	G	O	I	W	A	K	A	C	J	E	C
P	H	W	O	E	W	Z	X	C	V	B	Y	Q	D	Z	J
O	J	D	P	D	P	L	A	Ż	A	P	P	C	Z	E	A
R	G	J	Y	Z	R	G	T	Y	P	A	A	R	U	R	Q
T	L	O	W	J	G	Ó	T	R	A	N	S	P	O	R	T
X	Q	N	D	F	G	U	Ż	Ó	M	V	A	W	R	Ł	D
P	K	F	R	I	I	M	Y	G	Ą	I	C	O	P	H	Q
Ł	E	K	A	N	A	M	I	O	T	O	Q	G	P	H	W

LOTNISKO
NAMIOT
CUDZOZIEMIEC
ZDJĘCIA
HOTEL
WYSPA
MAPA
MORZE
GÓRY
WYPOCZYNEK
PASZPORT
PLAŻA
REZERWACJE
RESTAURACJA
TAXI
TRANSPORT
POCIĄG
WAKACJE
PODRÓŻ
WIZA

41 - Baile

C	Ł	U	Ł	E	L	B	P	D	M	L	Z	O	B	E	Q
A	I	X	N	C	O	W	O	M	T	U	L	A	K	L	K
K	T	A	H	J	E	M	S	I	Y	C	Z	O	L	X	U
A	R	I	Ł	Y	R	L	T	Ł	R	O	H	Y	X	I	L
D	A	F	K	O	K	S	A	Ł	A	S	K	A	K	Y	T
E	D	A	T	U	A	N	W	R	X	U	K	W	R	A	U
M	Y	R	J	E	L	H	A	O	U	B	L	I	N	J	R
I	C	G	S	E	Y	T	G	F	K	W	A	Z	Q	B	A
A	Y	O	U	I	N	U	U	Y	M	Y	S	U	U	Z	L
N	J	E	C	B	S	O	C	R	C	R	Y	A	L	X	N
N	N	R	E	M	O	C	J	A	A	A	C	L	X	T	Y
J	Y	O	N	Ł	D	P	C	Q	L	Z	Z	N	X	K	E
T	Q	H	E	I	A	R	U	H	Q	I	N	Y	E	Ł	H
N	H	C	U	R	R	Ó	E	U	H	S	Y	I	K	S	C
S	Z	T	U	K	A	B	R	E	N	T	R	A	P	L	B
W	T	A	C	N	G	A	W	S	N	Y	Ł	S	U	I	P

AKADEMIA
RADOSNY
SZTUKA
KLASYCZNY
CHOREOGRAFIA
CIAŁO
KULTURA
KULTURALNY
EMOCJA
PRÓBA
WYRAZISTY
ŁASKA
RUCH
MUZYKA
POSTAWA
RYTM
SKOK
PARTNER
TRADYCYJNY
WIZUALNY

42 - Matemáticas

D	W	Y	K	Ł	A	D	N	I	K	N	Z	P	D	K	P
Z	E	T	Ą	K	O	T	S	O	R	P	Ł	O	X	Q	Ł
I	T	Ą	K	O	L	E	I	W	P	Z	R	N	Q	W	T
E	Q	K	A	N	S	W	U	V	G	Q	E	P	F	D	D
S	K	X	K	O	B	O	Ł	G	E	L	O	N	W	Ó	R
I	R	U	E	I	L	R	Y	C	O	J	C	P	Ł	W	I
Ę	V	F	L	B	N	D	S	G	M	N	S	T	L	B	V
T	C	H	O	A	K	R	V	B	E	P	X	V	T	O	I
N	X	K	W	A	D	R	A	T	T	Ą	K	J	Ó	R	T
Y	Ł	D	A	P	O	T	S	O	R	P	E	Y	N	A	U
P	R	O	M	I	E	Ń	A	C	I	N	D	E	R	Ś	P
S	Y	M	E	T	R	I	A	Y	A	J	C	K	A	R	F
A	R	Y	T	M	E	T	Y	K	A	I	C	Y	Q	N	W
E	J	E	O	B	J	Ę	T	O	Ś	Ć	H	E	X	A	A
R	Ó	W	N	O	L	E	G	Ł	Y	B	U	P	Ł	E	C
B	R	Ó	W	N	A	N	I	E	B	A	V	L	W	K	Y

ARYTMETYKA
KĄTY
OBWÓD
KWADRAT
DZIESIĘTNY
ŚREDNICA
RÓWNANIE
KULA
WYKŁADNIK
FRAKCJA

GEOMETRIA
RÓWNOLEGŁY
RÓWNOLEGŁOBOK
PROSTOPADŁY
WIELOKĄT
PROMIEŃ
PROSTOKĄT
SYMETRIA
TRÓJKĄT
OBJĘTOŚĆ

43 - Restaurante #1

C	H	F	D	A	P	Ć	E	G	N	T	S	Ż	P	G	H
F	U	N	E	M	L	Ś	R	D	Ó	V	E	Y	I	R	S
W	T	R	S	N	O	E	G	R	Ż	V	R	W	K	E	I
R	P	X	E	Z	C	J	R	X	Y	J	W	N	A	Z	K
J	F	Z	R	L	Z	W	E	G	L	R	E	O	N	E	B
F	U	Ł	I	F	A	M	J	V	I	K	T	Ś	T	R	S
V	U	K	Ł	A	H	C	S	Y	K	A	K	Ć	N	W	K
D	P	M	A	K	C	I	A	V	I	Z	A	L	Y	A	A
A	R	P	S	R	Q	D	K	B	N	C	R	U	B	C	N
Q	P	S	H	E	Y	R	M	Y	D	R	I	E	V	J	B
K	U	C	H	N	I	A	Z	R	A	U	C	U	L	A	W
C	H	Ł	S	L	M	E	W	L	Ł	K	J	B	D	A	J
H	R	D	Z	E	U	I	T	P	K	M	I	S	K	A	T
L	Z	O	U	K	J	P	Ę	T	S	Y	T	I	P	J	N
E	P	Z	V	X	F	O	L	S	S	Ł	S	O	S	M	S
B	B	R	K	A	W	A	J	H	O	F	V	M	T	E	M

ALERGIA
KAWA
KASJER
KELNERKA
MIĘSO
KUCHNIA
JEŚĆ
ŻYWNOŚĆ
NÓŻ
SKŁADNIKI
MENU
CHLEB
PIKANTNY
TALERZ
KURCZAK
DESER
REZERWACJA
SOS
SERWETKA
MISKA

44 - Profesiones #2

B	N	Z	V	J	F	Z	S	D	R	C	I	F	F	Z	O
O	I	N	E	J	S	Ł	L	U	E	B	F	W	M	A	W
A	P	O	V	W	Z	R	A	K	I	N	N	E	I	Z	D
F	S	Z	L	K	Z	R	Q	M	N	G	T	Z	G	F	Z
T	U	A	C	O	W	B	C	A	Y	L	J	Y	X	J	A
Ł	R	L	K	C	G	Y	P	L	Ż	P	I	A	S	Ł	C
F	O	T	O	G	R	A	F	A	N	V	C	N	A	T	W
Z	O	V	L	F	G	R	U	R	I	H	C	X	C	P	A
O	I	Z	C	A	D	A	B	Z	I	B	X	W	Z	I	N
O	N	R	O	A	S	T	R	O	N	A	U	T	A	L	Z
L	J	A	N	L	O	G	R	O	D	N	I	K	L	O	O
O	W	K	D	P	I	X	H	U	J	B	J	U	A	T	K
G	F	E	L	P	H	F	W	D	B	Q	P	U	N	W	Y
N	W	L	C	W	D	E	T	E	K	T	Y	W	Y	N	Z
N	A	U	C	Z	Y	C	I	E	L	U	J	A	W	N	Ę
J	I	L	U	S	T	R	A	T	O	R	V	P	N	D	J

ASTRONAUTA
BIOLOG
CHIRURG
DENTYSTA
DETEKTYW
FILOZOF
FOTOGRAF
ILUSTRATOR
INŻYNIER
WYNALAZCA
BADACZ
OGRODNIK
JĘZYKOZNAWCA
LEKARZ
DZIENNIKARZ
PILOT
MALARZ
NAUCZYCIEL
ZOOLOG

45 - Senderismo

P	M	U	X	C	D	O	R	R	J	K	P	M	G	Z	G
P	R	M	P	I	D	J	R	F	S	R	D	H	Ł	M	M
R	S	Z	U	X	A	G	F	I	K	Ż	Ę	I	C	Ę	U
Z	C	Z	Y	T	U	B	Y	L	E	C	P	O	R	C	G
E	K	E	R	G	C	C	G	K	E	N	M	H	W	Z	F
W	A	W	A	K	O	F	Q	B	H	M	T	S	T	O	S
O	M	X	M	O	T	T	Y	Z	C	Z	S	A	M	N	M
D	I	G	O	Y	J	P	O	M	U	Q	D	G	C	Y	F
N	E	C	K	P	L	A	D	W	R	K	H	N	V	J	U
I	N	I	A	C	Ł	R	D	F	A	D	Z	I	K	I	A
K	I	M	A	P	A	K	H	O	D	N	K	P	K	Q	H
I	E	B	T	Ł	U	I	G	A	O	A	I	M	L	V	Y
Z	W	I	E	R	Z	Ą	T	Ó	W	R	M	E	I	J	X
S	Ł	O	Ń	C	E	W	C	K	R	G	C	K	M	U	J
N	A	T	U	R	A	O	F	S	Ł	A	Ł	C	A	Q	N
G	F	Z	A	G	D	L	A	Q	O	G	J	M	T	K	I

KLIF
WODA
ZWIERZĄT
BUTY
KEMPING
ZMĘCZONY
KLIMAT
SZCZYT
PRZEWODNIKI
MAPA

GÓRA
KOMARY
NATURA
ORIENTACJA
PARKI
CIĘŻKI
KAMIENIE
PRZYGOTOWANIE
DZIKI
SŁOŃCE

46 - Naturaleza

L	L	S	I	I	W	O	P	J	V	E	R	S	O	T	C
A	O	A	S	T	Ą	Z	R	E	I	W	Z	Y	B	G	H
S	D	N	T	Y	N	Z	C	I	M	A	N	Y	D	D	M
L	O	K	O	Q	E	O	H	N	T	E	J	O	J	Z	U
L	W	T	T	N	G	F	A	E	T	G	F	W	Z	I	R
I	I	U	N	L	I	P	Y	I	H	M	K	N	I	K	Y
Ś	E	A	E	L	B	D	G	N	Z	Q	W	Ł	V	I	B
C	C	R	C	E	Q	Y	Ł	O	Z	C	Z	S	P	B	N
I	M	I	P	Ł	M	Ł	N	R	Q	C	A	P	X	W	C
M	U	U	I	V	V	R	R	H	Ł	A	Y	N	M	Ł	S
L	O	M	V	W	B	E	K	C	A	G	J	T	Z	M	L
X	Y	N	J	O	K	O	P	S	M	G	Ł	A	K	I	J
R	Z	E	K	A	I	N	Y	T	S	U	P	O	T	R	T
C	P	M	O	Ę	M	Q	U	R	H	M	S	I	A	Z	A
Y	N	L	A	K	I	P	O	R	T	V	H	V	O	O	M
A	N	J	O	K	O	P	S	E	R	O	Z	J	A	I	W

PSZCZOŁY
ZWIERZĄT
ARKTYCZNY
PIĘKNO
LAS
PUSTYNIA
DYNAMICZNY
EROZJA
LIŚCI
LODOWIEC
MGŁA
CHMURY
SPOKOJNA
SCHRONIENIE
RZEKA
DZIKI
SANKTUARIUM
SPOKOJNY
TROPIKALNY
ISTOTNE

47 - Conduciendo

A	U	T	O	B	U	S	J	S	G	F	M	C	D	U	O
Ł	J	A	P	A	M	Ł	Ż	A	R	A	G	I	T	P	S
S	E	C	L	U	M	A	H	M	P	K	D	Ę	R	A	T
V	I	I	N	J	Z	S	J	O	B	Z	M	Ż	A	L	R
T	Q	L	W	E	N	G	F	C	E	X	Q	A	N	I	O
C	L	U	N	Q	C	Ł	D	H	R	R	Ł	R	S	W	Ż
Y	Z	S	E	I	P	I	N	Ó	U	N	K	Ó	P	O	N
L	D	Y	J	W	K	H	L	D	C	P	P	W	O	N	O
P	E	E	V	Y	D	W	E	J	H	R	J	K	R	Ł	Ś
L	O	L	M	R	Y	F	N	W	D	Ę	N	A	T	Y	Ć
N	P	L	J	X	E	J	U	Y	R	D	E	T	P	J	E
Q	Z	D	I	G	D	T	T	P	O	K	V	T	Q	H	L
N	O	Ł	E	C	X	D	Z	A	G	O	F	H	C	L	P
L	P	E	S	O	J	D	G	D	O	Ś	W	Z	T	U	R
X	A	L	U	E	Q	A	B	E	W	Ć	L	K	J	Z	Ł
M	O	T	O	C	Y	K	L	K	Y	S	U	V	X	K	U

WYPADEK
AUTOBUS
ULICA
CIĘŻARÓWKA
SAMOCHÓD
PALIWO
HAMULCE
GARAŻ
GAZ
LICENCJA
MAPA
MOTOCYKL
SILNIK
PIESZY
POLICJA
OSTROŻNOŚĆ
TRANSPORT
RUCH DROGOWY
TUNEL
PRĘDKOŚĆ

48 - Ballet

B	I	N	T	E	N	S	Y	W	N	O	Ś	Ć	V	X	E
A	P	U	B	L	I	C	Z	N	O	Ś	Ć	Z	Y	B	H
L	T	S	A	C	U	B	O	Q	O	X	P	L	J	Z	L
E	A	K	Y	Z	U	M	Y	W	C	S	P	R	R	S	Y
R	N	G	D	Y	T	S	I	Z	A	R	Y	W	Ó	W	W
I	C	Z	R	V	T	F	G	E	T	J	A	Q	E	B	X
N	E	S	O	W	D	B	E	P	J	L	M	N	P	M	A
A	R	Z	T	V	O	X	S	U	C	Ę	E	Q	R	I	D
K	Z	S	Y	Y	C	J	T	W	O	K	T	G	K	K	U
Ć	E	A	Z	F	L	B	V	G	J	V	E	N	L	G	D
W	C	H	O	R	E	O	G	R	A	F	I	A	O	T	S
I	W	H	P	Z	J	O	K	L	A	S	K	I	F	Ś	K
C	O	X	M	S	C	M	I	Ę	Ś	N	I	E	F	K	Ć
Z	W	I	O	C	K	O	R	K	I	E	S	T	R	A	J
Y	H	Q	K	I	E	R	Y	T	M	U	I	Z	O	F	P
Ć	N	H	D	C	L	T	E	C	H	N	I	K	A	X	L

OKLASKI
PUBLICZNOŚĆ
BALERINA
TANCERZE
KOMPOZYTOR
CHOREOGRAFIA
PRÓBA
STYL
WYRAZISTY
GEST
UMIEJĘTNOŚĆ
INTENSYWNOŚĆ
LEKCJE
MIĘŚNIE
MUZYKA
ORKIESTRA
ĆWICZYĆ
RYTM
TECHNIKA

49 - Fuerza y Gravedad

H	Y	W	E	Y	Q	O	C	C	O	F	D	N	J	P	R
Y	D	D	G	K	K	S	D	J	B	T	G	M	C	R	H
O	S	E	T	F	S	L	N	L	C	B	C	S	W	Ę	I
Q	P	E	Ł	J	Ł	P	Y	T	E	N	A	L	P	D	X
M	Z	Y	T	E	N	G	A	M	C	G	F	Y	K	K	D
W	Q	N	M	M	U	R	T	N	E	C	Ł	P	L	O	Y
O	L	N	L	A	L	X	A	S	S	X	L	O	Ł	Ś	N
T	D	D	F	I	Z	Y	K	A	E	J	W	Z	Ś	Ć	A
A	X	K	R	G	H	L	I	Z	I	Y	A	P	O	Ć	M
R	E	P	R	S	N	R	N	C	N	O	G	G	J	Ś	I
C	D	V	X	Y	V	F	A	Z	E	C	A	O	O	O	C
I	E	P	V	Y	C	G	H	P	I	X	W	R	B	K	Z
E	A	K	G	J	Ł	I	C	J	N	F	Y	B	Y	L	N
S	X	Z	U	T	D	Y	E	F	Ś	B	Ł	I	Z	E	Y
X	N	N	Z	F	V	G	M	N	I	A	P	T	E	I	N
W	Ł	A	Ś	C	I	W	O	Ś	C	I	W	A	V	W	V

CENTRUM
ODKRYCIE
DYNAMICZNY
ODLEGŁOŚĆ
OŚ
EKSPANSJA
FIZYKA
TARCIE
WPŁYW
MAGNETYZM
WIELKOŚĆ
MECHANIKA
ORBITA
WAGA
PLANETY
CIŚNIENIE
WŁAŚCIWOŚCI
CZAS
PRĘDKOŚĆ

50 - Pájaros

S	T	R	U	Ś	R	Ł	L	V	N	I	W	G	N	I	P
D	C	A	I	F	J	V	J	Q	V	G	R	O	I	M	S
R	Ł	B	Ą	Z	R	T	S	A	J	Ś	Ó	I	M	M	V
W	Z	Ą	O	S	J	Ł	Y	Ź	D	Ę	B	A	Ł	O	K
D	R	Ł	O	R	Z	E	Ł	L	H	G	E	G	D	R	F
O	Q	O	K	J	A	J	S	F	Q	J	L	U	C	L	Ł
Z	Y	G	N	I	M	A	L	F	Ł	M	J	P	Y	A	G
H	H	D	X	A	N	L	K	S	L	W	L	A	Y	R	Q
K	U	Y	N	R	S	P	A	Ł	K	W	S	P	P	M	N
N	A	I	C	O	B	A	Z	G	U	R	G	F	E	E	I
A	C	C	Ł	V	O	Z	C	M	W	K	J	U	L	W	D
K	L	R	Z	J	Z	C	R	E	M	L	U	B	I	A	Ł
U	V	K	M	K	M	P	U	W	H	S	Z	K	K	S	L
T	K	O	S	I	A	A	K	Z	Z	W	Q	O	A	Q	D
D	W	Z	D	B	N	K	L	Z	U	E	C	R	N	Y	A
B	E	C	H	S	K	R	B	X	V	U	Q	O	E	R	H

STRUŚ
ORZEŁ
BOCIAN
ŁABĘDŹ
KUKUŁKA
WRONA
FLAMING
GĘŚ
CZAPLA
MEWA
WRÓBEL
JASTRZĄB
JAJKO
PAPUGA
GOŁĄB
KACZKA
PELIKAN
PINGWIN
KURCZAK
TUKAN

51 - Geografía

Ł	G	W	M	O	R	Z	E	J	P	R	K	J	S	Z	Z
A	U	Y	P	T	E	F	I	G	H	W	A	T	R	W	Ł
L	D	S	H	S	C	M	N	O	I	G	E	R	Ó	T	S
D	Ł	O	J	A	R	K	E	Q	U	E	T	V	W	L	K
W	M	K	I	I	U	Q	I	H	X	W	N	K	N	E	O
O	U	O	W	M	W	F	S	X	B	Z	Y	Q	I	N	N
V	I	Ś	N	J	T	Z	E	Q	N	D	Z	S	K	J	T
P	R	Ć	N	D	I	U	I	F	O	Ł	R	M	P	Y	Y
J	O	L	V	Y	P	L	N	U	V	B	I	G	F	A	N
F	T	Ł	A	T	B	E	D	Ó	H	C	A	Z	D	K	E
D	Y	F	U	Y	H	Q	O	M	I	O	M	E	L	E	N
A	R	J	F	D	S	H	P	Ł	Y	N	A	N	M	Z	T
T	E	H	O	Ł	N	Ł	F	A	O	Ł	P	R	O	R	A
L	T	X	P	P	Ł	I	V	Ł	I	Ó	A	X	Ó	A	I
A	C	R	V	A	L	U	K	Ł	Ó	P	Z	K	S	G	W
S	P	O	Ł	U	D	N	I	E	T	I	V	Q	A	Ł	Ś

WYSOKOŚĆ
ATLAS
MIASTO
KONTYNENT
RÓWNIK
PODNIESIENIE
PÓŁKULA
WYSPA
MAPA
MORZE
POŁUDNIK
GÓRA
ŚWIAT
PÓŁNOC
ZACHÓD
KRAJ
REGION
RZEKA
POŁUDNIE
TERYTORIUM

52 - Música

T	S	T	W	O	K	A	L	W	B	F	C	N	H	R	I
T	S	O	E	Z	I	A	R	E	P	O	H	X	M	N	N
I	H	L	U	M	V	I	O	Ś	X	X	Ó	P	Z	U	S
H	M	M	E	B	P	D	G	P	Z	W	R	M	E	G	T
A	B	P	A	K	C	O	A	I	N	O	M	R	A	H	R
R	F	H	R	F	L	L	L	E	N	J	S	T	V	F	U
M	K	U	I	O	E	E	B	W	Z	A	K	Y	Z	U	M
O	Y	W	L	W	W	M	U	A	Z	J	P	H	R	N	E
N	O	F	O	R	K	I	M	Ć	A	C	T	Y	A	A	N
I	U	C	W	I	Y	N	Z	C	Y	S	A	L	K	G	T
C	M	U	S	I	C	A	L	O	C	Y	X	L	N	R	P
Z	U	B	S	C	Ł	M	R	P	W	B	V	O	E	A	K
N	N	H	I	X	A	D	A	L	L	A	B	W	S	N	G
Y	V	E	Z	Z	B	N	Q	J	C	Ł	Ć	L	O	I	N
P	P	J	B	Q	R	Y	T	M	X	T	Ł	Q	I	E	G
Q	M	P	R	E	E	I	K	C	Y	T	E	O	P	C	Y

HARMONIA
HARMONICZNY
ALBUM
BALLADA
PIOSENKARZ
ŚPIEWAĆ
KLASYCZNY
CHÓR
NAGRANIE
IMPROWIZOWAĆ
INSTRUMENT
MELODIA
MIKROFON
MUSICAL
MUZYK
OPERA
POETYCKI
RYTM
TEMPO
WOKAL

53 - Enfermedad

N	B	L	E	D	W	S	K	V	G	T	W	N	Z	O	F
D	P	X	U	Z	H	D	O	S	O	E	E	M	Ł	D	T
L	O	Ł	A	I	C	V	Ś	C	B	R	L	O	H	P	J
Ł	Ó	P	S	E	Z	E	C	V	X	A	L	G	I	O	V
G	O	B	A	D	U	U	I	K	N	P	N	H	P	R	U
E	D	X	L	Z	C	E	W	W	R	I	E	C	Ł	N	W
N	K	X	E	I	I	W	C	L	O	A	S	F	Q	O	O
E	O	L	R	C	S	N	I	M	X	R	S	P	Y	Ś	D
T	Z	D	G	Z	Y	W	O	I	W	Ź	D	Ę	L	Ć	D
Y	N	N	I	N	C	H	R	O	N	I	C	Z	N	Y	E
C	Z	T	E	Y	W	I	L	Ź	A	R	A	Z	B	N	C
Z	B	R	Z	U	S	Z	N	Y	B	A	Ł	S	J	C	H
N	L	D	D	M	T	O	M	H	K	A	A	J	T	U	O
Y	L	R	X	N	E	U	R	O	P	A	T	I	A	Ł	W
Z	A	P	A	L	E	N	I	E	C	R	E	S	M	P	Y
X	T	J	C	Q	S	R	Q	V	G	G	X	M	O	E	M

BRZUSZNY
ALERGIE
WELLNESS
ZARAŹLIWY
SERCE
CHRONICZNY
CIAŁO
SŁABY
GENETYCZNY
DZIEDZICZNY

KOŚCI
ZAPALENIE
ODPORNOŚĆ
LĘDŹWIOWY
NEUROPATIA
PŁUCNY
ODDECHOWY
ZDROWIE
ZESPÓŁ
TERAPIA

54 - Actividades

S	U	D	F	O	X	M	B	N	Z	R	M	C	W	M	C
K	M	Z	B	O	R	E	L	A	K	S	A	F	Ę	A	Q
O	I	I	T	W	T	R	E	C	F	R	G	P	D	J	V
R	E	A	K	T	K	O	Ł	F	C	B	I	U	K	T	A
G	J	Ł	S	C	P	E	G	I	K	D	A	G	A	Z	X
G	Ę	A	A	I	N	T	M	R	U	Q	C	Y	R	G	C
B	T	L	F	N	H	U	W	P	A	W	E	P	S	D	Z
B	N	N	U	D	C	C	U	B	I	F	U	E	T	C	Y
Y	O	O	Q	O	U	S	I	B	Y	N	I	E	W	E	T
J	Ś	Ś	Y	R	S	Z	T	U	K	A	G	A	O	R	A
T	Ć	Ć	Z	G	W	Ę	D	R	Ó	W	K	I	N	A	N
N	A	Ł	S	O	I	M	E	Z	R	L	U	R	M	M	I
O	Y	N	P	R	Z	Y	J	E	M	N	O	Ś	Ć	I	E
R	P	Ł	I	J	E	K	S	Z	Y	C	I	E	S	K	M
B	Z	Q	L	E	I	N	A	W	O	L	O	P	U	A	M
Q	Q	J	A	Q	C	W	Y	P	O	C	Z	Y	N	E	K

DZIAŁALNOŚĆ
SZTUKA
RZEMIOSŁA
TANIEC
KEMPING
POLOWANIE
CERAMIKA
SZYCIE
FOTOGRAFIA
UMIEJĘTNOŚĆ
OGRODNICTWO
GRY
CZYTANIE
MAGIA
WYPOCZYNEK
WĘDKARSTWO
PRZYJEMNOŚĆ
RELAKS
ZAGADKI
WĘDRÓWKI

55 - Verduras

K	A	N	I	P	Z	S	S	N	A	P	I	R	S	Q	M
K	A	I	N	M	E	I	Z	E	X	A	P	C	A	L	A
H	F	R	S	H	K	N	P	P	L	P	F	O	Ł	X	R
C	G	L	C	A	Z	V	F	T	Y	E	K	L	A	D	C
K	P	T	M	Z	Y	O	Y	M	V	H	R	I	T	B	H
A	Q	V	E	S	O	K	Z	O	A	R	R	W	K	R	E
R	E	G	D	K	T	C	X	J	K	P	Z	A	A	O	W
I	O	G	Ó	R	E	K	H	J	W	X	E	O	F	K	K
B	Y	Z	R	G	H	Q	U	R	E	A	P	L	Q	U	A
M	A	K	Z	S	U	R	T	E	I	P	A	R	A	Ł	B
I	L	K	E	N	S	O	Z	C	K	Z	F	Ł	E	Y	S
L	U	H	Ł	G	Y	H	K	D	D	Ł	X	S	O	A	V
G	B	H	J	A	F	G	Y	Y	O	X	K	V	N	H	P
A	E	Ł	B	P	Ż	T	M	N	Z	Ł	Ł	O	M	W	T
H	C	O	R	G	M	A	N	I	R	C	C	W	X	L	N
D	L	G	U	O	Q	S	N	A	P	O	M	I	D	O	R

CZOSNEK
KARCZOCH
SELER
BAKŁAŻAN
BROKUŁY
DYNIA
CEBULA
SAŁATKA
SZPINAK
GROCH
IMBIR
RZEPA
OLIWA
ZIEMNIAK
OGÓREK
PIETRUSZKA
RZODKIEWKA
GRZYB
POMIDOR
MARCHEWKA

56 - Instrumentos Musicales

P	B	T	G	I	S	B	W	V	Z	P	P	I	H	H	I
E	Z	T	I	Ł	Ł	K	E	Z	X	U	R	U	A	A	L
R	N	Z	T	H	H	J	R	F	R	Z	L	D	R	R	V
K	Z	H	A	J	R	R	E	Z	N	O	Ł	D	F	M	B
U	K	A	R	Ó	I	G	A	I	Y	N	A	Q	A	O	A
S	W	L	A	B	Ę	B	E	N	R	P	M	K	N	N	N
J	P	E	A	O	Q	C	B	O	U	J	C	E	I	I	J
A	I	Z	M	R	T	K	V	F	B	W	Y	E	L	J	O
H	A	C	A	K	N	J	F	O	M	G	J	P	O	K	A
Z	N	N	R	O	Z	E	T	S	A	H	L	D	D	A	F
Z	I	O	I	W	A	I	T	K	T	T	A	Ł	N	M	R
X	N	L	M	D	C	A	O	A	F	W	R	P	A	G	R
Q	O	O	B	G	W	E	G	S	L	B	N	Ą	M	W	W
N	B	I	A	O	H	S	A	A	E	N	O	Y	B	C	F
C	R	W	Y	N	J	R	F	R	T	W	Q	K	J	K	G
E	O	G	T	G	F	R	B	A	F	O	T	M	V	J	A

HARMONIJKA
HARFA
BANJO
KLARNET
FAGOT
FLET
GONG
GITARA
MANDOLINA
MARIMBA
OBÓJ
TAMBURYN
PERKUSJA
PIANINO
SAKSOFON
BĘBEN
PUZON
TRĄBKA
SKRZYPCE
WIOLONCZELA

57 - Formas

K	U	Ł	M	P	Y	S	F	A	I	S	H	V	G	H	E
O	O	F	G	R	U	G	R	E	D	N	I	L	Y	C	G
B	W	Ł	B	Y	I	F	O	X	Q	K	P	Z	E	C	U
N	K	A	O	Z	B	T	F	A	P	P	E	Q	J	U	H
P	R	D	L	M	H	Q	T	F	K	L	R	Ż	I	G	G
R	A	I	N	A	I	C	Ś	E	Z	S	B	K	O	T	U
O	W	M	V	T	E	X	R	U	Q	F	O	U	C	T	T
S	Ę	A	K	W	A	D	R	A	T	N	L	L	K	Ą	S
T	D	R	E	F	S	J	M	W	W	Q	A	A	M	K	T
O	Z	I	S	Q	P	Y	Y	X	L	L	W	G	W	O	R
K	I	P	Y	V	I	J	Z	Ł	C	U	Y	N	Q	L	Ó
Ą	E	T	W	R	L	I	M	A	R	G	Z	R	U	E	J
T	V	X	S	P	E	K	I	N	Ż	O	R	A	N	I	K
R	Z	D	L	I	N	I	A	J	O	Y	K	V	K	W	Ą
S	P	Ł	H	W	E	O	L	E	A	A	U	Z	O	J	T
C	R	R	A	C	Y	P	G	B	I	R	K	V	A	T	G

ŁUK
KRAWĘDZIE
CYLINDER
KOŁO
STOŻEK
KWADRAT
SZEŚCIAN
KRZYWA
ELIPSA
KULA
NAROŻNIK
HIPERBOLA
BOK
LINIA
OWAL
PIRAMIDA
WIELOKĄT
PRYZMAT
PROSTOKĄT
TRÓJKĄT

58 - Flores

A	Z	Q	C	H	L	I	K	N	O	Ż	L	T	X	O	W
A	O	W	A	E	D	I	H	C	R	O	A	Ł	W	K	X
L	Y	Z	C	K	Z	B	L	O	Z	M	W	Ł	T	E	S
P	V	K	Ł	Ł	W	O	N	I	D	A	E	R	A	B	W
S	T	O	K	R	O	T	K	A	A	K	N	Ó	Q	O	N
M	A	G	N	O	L	I	A	U	I	Ł	D	Ż	K	K	U
N	K	E	T	A	Ł	P	J	C	N	B	A	A	I	A	Z
E	H	I	B	I	S	K	U	S	O	T	P	W	D	S	B
Y	N	Ł	N	V	G	D	D	Y	W	O	I	L	I	L	U
Z	B	Ł	S	Z	K	J	P	N	I	M	Ś	A	J	H	K
G	R	J	F	O	C	S	K	S	P	G	S	I	D	S	I
Q	T	T	C	B	Z	E	P	L	U	M	E	R	I	A	E
L	R	E	W	O	L	F	N	O	I	S	S	A	P	Z	T
G	A	R	D	E	N	I	A	O	T	U	L	I	P	A	N
K	O	N	I	C	Z	Y	N	A	Ł	I	H	B	K	K	B
C	Y	X	P	L	B	O	J	I	R	S	H	B	D	E	Y

MAK
GARDENIA
SŁONECZNIK
HIBISKUS
JAŚMIN
LAWENDA
LILIOWY
LILIA
MAGNOLIA
STOKROTKA
ŻONKIL
ORCHIDEA
PASSIONFLOWER
PIWONIA
PŁATEK
PLUMERIA
BUKIET
RÓŻA
KONICZYNA
TULIPAN

59 - Astronomía

R	Ó	W	N	O	N	O	C	E	H	U	O	G	K	X	F
M	E	T	E	O	R	P	Q	I	J	J	B	A	S	R	P
R	A	I	M	E	I	Z	U	N	M	S	S	L	I	G	F
Ł	W	T	W	K	B	G	J	E	K	F	E	A	Ę	R	Ł
Z	O	U	U	B	R	T	Y	I	V	Q	R	K	Ż	A	P
F	N	D	T	A	K	O	S	M	O	S	W	T	Y	K	L
G	R	F	U	L	N	B	U	Ć	C	Z	A	Y	C	I	A
T	E	L	E	S	K	O	P	A	X	T	T	K	Y	E	N
N	P	X	Z	A	T	X	R	Z	R	I	O	A	X	T	E
G	U	I	Y	M	A	Ł	E	T	X	B	R	R	J	A	T
R	S	R	F	E	O	K	J	A	S	D	I	Y	M	N	A
Q	R	E	R	U	B	C	C	I	D	A	U	M	B	I	Ł
K	O	N	S	T	E	L	A	C	J	A	M	E	Ł	M	Z
S	A	T	E	L	I	T	A	D	I	O	R	E	T	S	A
R	P	S	K	M	N	A	S	T	R	O	N	O	M	B	A
G	R	A	W	I	T	A	C	J	A	B	I	Y	F	U	F

ASTEROIDA
ASTRONAUTA
ASTRONOM
NIEBO
RAKIETA
KONSTELACJA
KOSMOS
ZAĆMIENIE
RÓWNONOC
GALAKTYKA
GRAWITACJA
KSIĘŻYC
METEOR
OBSERWATORIUM
PLANETA
SATELITA
SUPERNOWA
TELESKOP
ZIEMIA

60 - Tiempo

O	T	P	S	H	L	K	C	Z	K	K	J	Ł	A	J	G
B	N	E	O	N	A	R	N	J	F	A	T	U	N	I	M
M	E	F	R	Ł	D	E	J	T	L	L	Z	Y	S	R	N
S	M	C	I	A	U	K	K	T	T	E	Ć	E	L	H	H
C	O	N	L	T	Z	D	D	U	L	N	Ś	J	G	C	U
J	M	M	Ł	G	O	A	N	I	Z	D	O	G	E	A	S
E	W	C	Z	O	R	A	J	I	J	A	Ł	M	X	S	R
C	U	Ą	V	H	A	U	E	I	E	R	Z	F	R	J	D
I	D	I	T	Y	D	Z	I	E	Ń	Z	S	R	Z	D	Z
Ł	L	S	D	T	A	Y	B	B	X	Y	Y	O	A	Z	I
A	N	E	U	B	K	V	B	L	N	L	Z	K	O	G	S
W	L	I	D	D	E	N	Z	C	O	R	R	F	H	W	I
L	D	M	K	Z	D	E	Z	R	P	A	P	M	N	Ł	A
M	E	O	B	I	N	J	S	Z	F	B	T	A	K	A	J
S	A	J	H	E	I	C	E	L	U	T	S	F	U	B	S
H	T	F	X	Ń	Z	B	Y	F	X	B	D	T	E	W	G

TERAZ
PRZED
ROCZNE
ROK
WCZORAJ
KALENDARZ
DEKADA
DZIEŃ
PRZYSZŁOŚĆ
GODZINA
DZISIAJ
RANO
POŁUDNIE
MIESIĄC
MINUTA
MOMENT
NOC
ZEGAR
TYDZIEŃ
STULECIE

61 - Paisajes

Y	Y	G	J	Z	A	I	I	M	F	I	D	O	N	O	N
C	Y	E	F	M	U	X	L	N	O	E	X	G	O	M	O
K	S	J	O	Q	M	O	A	T	N	R	W	M	A	B	M
Y	H	Z	B	L	P	I	G	U	G	B	Z	Z	Z	P	Z
Z	A	E	G	Y	F	V	U	N	A	R	B	E	A	B	E
B	P	R	W	F	U	R	N	D	B	R	L	T	V	S	Q
C	I	V	Z	W	S	R	A	R	N	A	T	Q	Z	E	L
P	U	S	T	Y	N	I	A	A	Ż	A	L	P	Ł	I	T
I	M	B	X	W	M	Y	O	J	A	S	K	I	N	I	A
A	Q	P	Q	S	R	P	P	C	Ł	W	E	L	Y	H	E
L	O	D	O	W	I	E	C	X	Ł	S	B	F	U	E	K
Z	A	T	O	K	A	K	E	Z	R	W	S	P	X	W	I
G	Ó	R	A	L	O	D	O	W	A	N	I	L	O	D	N
N	T	N	Ó	I	J	E	Z	I	O	R	O	P	B	Q	B
Ł	W	S	I	G	P	Ó	Ł	W	Y	S	E	P	G	T	F
Z	R	W	O	D	O	S	P	A	D	W	Y	S	P	A	U

WODOSPAD
JASKINIA
PUSTYNIA
GEJZER
LODOWIEC
ZATOKA
GÓRA LODOWA
WYSPA
JEZIORO
LAGUNA
MORZE
GÓRA
OAZA
BAGNO
PÓŁWYSEP
PLAŻA
RZEKA
TUNDRA
DOLINA
WULKAN

62 - Días y Meses

W	N	G	D	I	Y	Q	U	L	E	X	E	T	M	O	W
N	I	F	K	F	N	W	S	M	F	J	W	G	S	W	D
Q	E	L	I	S	T	O	P	A	D	V	M	K	O	U	Z
K	D	P	H	S	H	B	R	D	C	K	V	K	E	S	C
W	Z	O	S	D	T	T	O	M	I	E	S	I	Ą	C	Z
I	I	N	D	I	P	Y	K	G	F	T	E	N	P	E	W
E	E	I	Z	L	E	C	C	I	Z	Ą	L	R	N	I	A
C	L	E	D	U	G	R	Ł	Z	R	I	E	E	D	P	R
I	A	D	M	T	N	I	P	Ś	E	P	D	I	J	I	T
E	L	Z	D	Y	C	A	L	I	R	Ń	A	Z	S	L	E
Ń	Z	I	N	F	Z	G	A	L	E	O	L	D	S	S	K
Z	R	A	D	N	E	L	A	K	K	Ń	D	Ź	H	Ł	E
B	J	Ł	S	W	R	Z	E	S	I	E	Ń	A	H	N	R
J	V	E	T	Y	D	Z	I	E	Ń	W	E	P	L	U	O
C	V	K	S	N	H	J	S	O	B	O	T	A	O	F	T
C	Z	E	R	W	I	E	C	E	C	D	X	M	V	D	W

KWIECIEŃ
SIERPIEŃ
ROK
KALENDARZ
NIEDZIELA
STYCZEŃ
LUTY
CZWARTEK
LIPIEC
CZERWIEC
PONIEDZIAŁEK
WTOREK
MIESIĄC
ŚRODA
LISTOPAD
PAŹDZIERNIK
SOBOTA
TYDZIEŃ
WRZESIEŃ
PIĄTEK

63 - Biología

Z	A	R	O	D	E	K	F	H	L	Z	K	O	Z	V	B
D	E	N	A	T	U	R	A	L	N	Y	Q	A	K	Z	Q
V	W	B	I	A	Ł	K	O	V	O	O	U	W	D	J	M
F	O	S	H	H	D	A	G	V	M	S	Z	F	M	L	C
O	L	Y	Y	K	Z	S	Ł	Z	R	M	Y	Z	N	E	K
T	U	H	H	M	O	S	S	M	O	O	I	L	P	K	P
O	C	U	H	Q	B	L	C	W	H	Z	T	G	J	O	Ł
S	J	B	U	P	V	I	A	M	I	A	N	W	G	W	U
Y	A	A	N	K	J	N	O	G	K	O	M	Ó	R	K	A
N	J	K	V	O	U	E	A	Z	E	L	P	E	R	E	F
T	C	T	G	I	M	U	Z	Ł	A	N	Ł	E	U	S	N
E	A	E	D	F	U	R	V	O	J	H	P	G	Ł	W	S
Z	T	R	W	I	I	O	J	F	T	U	R	P	Z	C	B
A	U	I	E	O	E	N	T	E	X	Z	I	J	L	L	C
A	M	A	I	M	O	T	A	N	A	S	P	A	N	Y	S
D	C	H	R	O	M	O	S	O	M	D	J	K	U	X	L

ANATOMIA
BAKTERIA
KOMÓRKA
KOLAGEN
CHROMOSOM
ZARODEK
ENZYM
EWOLUCJA
FOTOSYNTEZA
HORMON
SSAK
MUTACJA
NATURALNY
NERW
NEURON
OSMOZA
BIAŁKO
GAD
SYMBIOZA
SYNAPSA

64 - Jardinería

K	E	T	O	F	F	B	J	K	I	N	M	E	J	O	P
A	S	T	J	Ć	O	G	L	I	W	U	V	L	D	E	G
B	V	H	T	K	B	I	D	I	J	I	C	Ś	I	L	L
K	U	T	S	I	V	I	M	P	Ś	H	T	Q	D	N	E
E	W	R	A	G	L	Ł	Y	W	G	Ć	C	N	I	I	B
N	S	I	D	Ł	F	U	T	B	X	E	C	D	Ą	W	A
U	E	C	A	N	V	I	Y	K	L	I	M	A	T	Ć	A
T	Z	H	A	T	G	Y	N	Z	C	I	N	A	T	O	B
A	O	L	G	S	O	X	Z	I	Ł	U	F	W	O	D	A
G	N	N	H	O	T	W	C	W	Ą	Ż	Q	W	N	U	N
S	O	X	U	P	T	U	Y	N	L	A	D	A	J	R	A
K	W	E	E	M	P	I	T	E	I	K	U	B	K	B	S
Q	Y	M	U	O	O	C	O	A	Z	Q	C	V	O	W	I
Ł	Z	W	V	K	H	G	Z	A	B	S	E	M	Q	K	O
L	G	M	G	U	I	H	G	M	W	Ł	H	D	R	U	N
Y	S	D	Ł	O	K	O	E	S	R	I	K	S	Q	K	A

WODA
BOTANICZNY
KLIMAT
JADALNY
KOMPOST
POJEMNIK
GATUNEK
SEZONOWY
EGZOTYCZNY
KWITNĄĆ
KWIATOWY
LIŚCI
LIŚĆ
SAD
WILGOĆ
WĄŻ
BUKIET
NASIONA
BRUD
GLEBA

65 - Barbacoas

K	K	K	D	K	S	R	H	T	Z	Q	F	C	L	Y	B
B	K	Z	K	V	O	C	O	W	O	H	C	L	I	P	Z
X	Z	T	Y	C	K	R	X	D	T	W	F	N	N	V	J
Y	R	O	D	I	M	O	P	J	Z	I	B	D	K	Z	O
C	P	D	G	R	F	C	S	K	C	I	C	E	I	Z	D
Ą	E	F	A	Q	Q	S	R	F	D	E	N	M	O	R	X
R	I	B	O	I	Z	A	K	Y	Z	U	M	A	B	Q	I
O	P	H	U	K	A	Ł	A	P	Y	U	Ł	H	I	E	U
G	X	Ł	Ł	L	Y	A	Z	H	V	T	I	F	A	Y	K
S	E	G	D	F	E	T	C	G	Ł	Ó	D	G	D	B	K
G	Ó	E	H	L	X	K	R	R	P	D	L	R	P	N	Q
H	Z	L	X	A	S	I	U	U	J	J	L	Y	B	O	U
V	W	V	S	O	S	N	K	L	H	G	J	I	S	Ż	V
P	R	Z	Y	J	A	C	I	E	L	E	P	B	P	E	R
S	L	A	T	O	G	R	I	L	L	D	T	B	W	T	R
W	A	R	Z	Y	W	A	Y	O	U	U	Ł	U	Y	Ł	X

PRZYJACIELE
GORĄCY
CEBULE
OBIAD
NOŻE
SAŁATKI
RODZINA
OWOC
GŁÓD
GRY
MUZYKA
DZIECI
GRILL
PIEPRZ
KURCZAK
SÓL
SOS
POMIDORY
LATO
WARZYWA

66 - Ropa

F	L	I	P	X	B	C	Y	J	B	E	H	S	Ł	B	S
Q	A	K	T	E	L	O	S	N	A	R	B	Q	K	T	W
K	M	R	A	Z	W	K	A	H	F	L	B	U	T	E	E
U	O	F	T	S	V	T	P	C	A	D	U	S	U	I	T
X	D	E	Z	U	O	Q	X	E	F	O	C	Z	A	N	E
U	A	G	Z	L	C	K	U	R	T	K	A	K	S	D	R
T	K	E	Y	E	A	H	D	Q	Q	K	T	L	J	O	R
I	E	T	E	P	P	Ł	A	S	Z	C	Z	N	F	P	K
B	L	U	Z	A	L	E	F	Y	Ł	A	D	N	A	S	I
W	M	Y	X	K	N	A	S	Z	Y	J	N	I	K	K	L
R	Ę	K	A	W	I	C	Z	K	I	M	H	Y	I	O	A
S	U	K	I	E	N	K	A	H	Y	V	L	U	K	G	Z
B	Z	G	U	Y	B	Z	F	B	Q	Q	U	C	W	J	S
X	U	S	P	Ó	D	N	I	C	A	M	A	Ż	I	P	Y
B	I	Ż	U	T	E	R	I	A	X	D	Ł	B	C	I	T
C	Q	I	F	A	Ł	F	D	H	I	A	J	I	X	Y	W

PŁASZCZ
BLUZA
SZALIK
KOSZULA
KURTKA
PAS
NASZYJNIK
FARTUCH
SPÓDNICA
RĘKAWICZKI
BIŻUTERIA
MODA
SPODNIE
PIŻAMA
BRANSOLETKA
SANDAŁY
KAPELUSZ
SWETER
SUKIENKA
BUT

67 - Meditación

Ł	Ł	D	Z	U	P	P	C	P	W	K	P	O	S	P	O
V	R	A	A	W	S	E	I	R	D	V	R	D	V	I	B
J	V	B	P	A	Y	R	S	Z	Z	S	Z	D	Ł	L	S
S	J	Z	M	G	C	S	Z	E	I	U	Y	E	N	S	E
T	M	Ł	U	A	H	P	A	J	Ę	L	J	C	M	P	R
F	G	B	Z	Z	I	E	Ż	R	C	N	Ę	H	N	O	W
N	Y	U	Y	J	C	K	Y	Z	Z	E	C	O	X	K	A
I	K	X	K	X	Z	T	C	Y	N	W	I	W	V	Ó	C
W	L	W	A	R	N	Y	Z	S	O	Z	E	Y	U	J	J
W	I	Ś	T	K	Y	W	L	T	Ś	R	U	C	H	V	A
P	U	M	Y	S	Ł	A	I	O	Ć	N	O	Z	V	Z	F
O	E	U	O	M	C	N	W	Ś	A	W	A	T	S	O	P
K	D	W	B	C	U	H	O	Ć	O	J	T	T	R	I	H
Ó	T	W	B	C	Y	K	Ś	I	F	T	G	Q	U	O	X
J	T	H	F	R	T	S	Ć	E	M	O	C	J	E	R	W
W	S	P	Ó	Ł	C	Z	U	C	I	E	P	M	X	V	A

PRZYJĘCIE
UWAGA
ŻYCZLIWOŚĆ
SPOKÓJ
PRZEJRZYSTOŚĆ
WSPÓŁCZUCIE
EMOCJE
WDZIĘCZNOŚĆ
PSYCHICZNY
UMYSŁ
RUCH
MUZYKA
NATURA
OBSERWACJA
POKÓJ
MYŚLI
PERSPEKTYWA
POSTAWA
ODDECHOWY
CISZA

68 - Café

P	G	D	O	Q	Q	T	C	P	C	B	B	H	U	I	T
I	T	A	M	O	R	A	G	I	K	Z	R	O	G	D	S
E	L	Y	I	I	K	W	A	Ś	N	Y	A	A	D	O	W
C	N	R	Z	M	E	R	K	E	F	E	N	R	N	H	M
Z	C	E	I	C	W	L	Z	A	I	M	I	I	N	O	G
O	V	I	F	O	E	T	I	O	L	L	E	Y	F	Y	W
N	C	K	P	T	D	Q	C	Ć	T	S	F	N	A	W	T
Y	R	U	A	Y	W	M	Y	X	R	A	O	A	N	E	C
P	O	C	H	O	D	Z	E	N	I	E	K	P	A	R	X
P	K	K	W	E	H	N	E	A	P	K	A	Ó	I	D	D
O	T	S	Q	U	U	G	A	G	G	H	M	J	M	S	K
O	L	J	Y	W	A	W	B	M	K	Ł	S	H	D	N	N
W	A	G	F	I	L	I	Ż	A	N	K	A	L	O	O	C
A	P	D	F	U	Ł	M	Z	F	X	F	R	Z	D	R	Z
C	P	U	Ł	E	O	J	O	M	L	E	K	O	M	A	C
R	F	V	V	O	C	Z	L	F	Ł	D	Q	C	U	S	Q

WODA
GORZKI
AROMAT
PIECZONY
CUKIER
KWAŚNY
NAPÓJ
KOFEINA
KREM
FILTR
MLEKO
CIECZ
RANO
MIELIĆ
CZARNY
POCHODZENIE
CENA
SMAK
FILIŻANKA
ODMIANA

69 - Libros

H	I	S	T	O	R	I	A	Z	O	S	J	G	Ć	P	P
D	K	O	N	T	E	K	S	T	R	U	E	J	Ś	Z	O
H	U	C	Z	Y	T	E	L	N	I	K	J	R	E	O	E
C	X	A	D	O	G	Y	Z	R	P	T	M	Y	I	N	Z
M	K	N	L	W	I	E	R	S	Z	R	E	N	W	A	J
C	U	O	V	I	Y	Y	O	Q	J	A	K	Z	O	F	A
B	Ł	R	A	K	Z	N	T	S	X	G	Y	C	P	E	J
T	Q	T	J	C	C	M	U	K	Q	I	F	Y	N	P	E
W	H	S	B	A	Z	E	A	Y	X	C	E	T	C	K	A
V	X	N	B	R	A	S	U	I	M	Z	N	S	D	O	A
S	H	S	U	E	L	I	G	J	L	N	T	Y	Q	L	W
K	C	E	Z	T	A	P	P	C	O	Y	O	R	K	E	W
N	Z	T	Ł	I	N	N	A	R	R	A	T	O	R	K	H
Y	V	T	V	L	Y	G	W	I	R	R	S	M	J	C	L
K	D	W	Y	Q	W	H	T	H	D	T	I	U	D	J	H
H	I	S	T	O	R	Y	C	Z	N	Y	Q	H	R	A	B

AUTOR
PRZYGODA
KOLEKCJA
KONTEKST
DUALIZM
PISEMNY
HISTORIA
HISTORYCZNY
HUMORYSTYCZNY
WYNALAZCZY
CZYTELNIK
LITERACKI
NARRATOR
POWIEŚĆ
STRONA
ISTOTNE
WIERSZ
POEZJA
SERIA
TRAGICZNY

70 - Los Medios de Comunicación

X	I	C	C	V	K	O	M	U	N	I	K	A	C	J	A
A	N	K	Z	P	R	Z	E	M	Y	S	Ł	I	E	J	J
S	T	S	A	M	O	G	N	I	U	A	W	C	D	F	Z
H	E	Y	S	O	X	Q	O	N	I	Q	M	Ę	U	K	I
V	L	K	O	G	P	P	E	V	H	R	P	J	K	C	W
Q	E	O	P	R	P	I	I	M	C	Ł	E	D	A	P	E
F	K	M	I	E	I	K	N	J	Y	T	M	Z	C	V	L
A	T	E	S	R	X	H	A	I	W	T	M	Y	J	W	E
K	U	R	M	O	J	L	W	X	A	S	S	N	A	I	T
T	A	C	A	X	K	Y	O	Y	T	G	A	Z	E	T	Y
Y	L	Y	W	O	L	R	S	I	S	M	P	C	I	Ł	W
H	N	J	R	F	J	A	N	V	O	T	R	I	N	B	O
S	Y	N	G	J	D	D	A	S	P	V	Q	L	A	D	R
F	W	E	Y	N	P	I	N	X	I	S	O	B	D	C	F
O	N	L	I	N	E	O	I	Z	M	E	T	U	Y	L	Y
L	O	K	A	L	N	Y	F	E	Ł	J	Ć	P	W	Ł	C

POSTAWY
KOMERCYJNE
KOMUNIKACJA
CYFROWY
WYDANIE
EDUKACJA
ONLINE
FINANSOWANIE
ZDJĘCIA
FAKTY
PRZEMYSŁ
INTELEKTUALNY
LOKALNY
OPINIA
GAZETY
PUBLICZNY
RADIO
SIEĆ
CZASOPISMA
TELEWIZJA

71 - Nutrición

H	R	X	Ć	J	S	P	B	U	G	W	T	S	G	H	H
R	N	Ł	Ś	D	Q	S	U	C	O	Ę	A	U	Q	Y	H
Z	D	R	O	W	I	E	O	O	R	G	P	S	Z	B	V
N	O	T	K	A	M	S	U	S	Z	L	E	L	S	T	X
P	N	J	A	A	A	N	Y	S	K	O	T	W	F	K	Z
D	Y	X	J	T	L	A	A	A	I	W	Y	N	O	E	F
S	Q	F	A	E	S	O	V	E	D	O	T	H	E	O	J
E	I	N	E	I	W	A	R	T	D	D	Z	B	O	Ż	A
S	V	W	L	D	S	A	N	I	M	A	T	I	W	Y	J
Y	J	X	S	T	W	A	G	A	E	N	H	T	W	Q	S
N	A	W	Y	K	I	J	V	V	B	Y	W	O	R	D	Z
L	O	X	T	W	U	H	F	N	R	I	T	Z	V	U	Ł
A	J	C	A	T	N	E	M	R	E	F	A	W	E	Ł	C
D	Q	Y	T	C	X	W	E	N	E	V	E	Ł	P	G	Q
A	Z	R	Ó	W	N	O	W	A	Ż	O	N	Y	K	M	O
J	S	I	X	K	J	P	U	P	K	N	Q	T	F	A	W

GORZKI
APETYT
JAKOŚĆ
KALORIE
WĘGLOWODANY
ZBOŻA
JADALNY
DIETA
TRAWIENIE
ZRÓWNOWAŻONY
FERMENTACJA
NAWYKI
WAGA
BIAŁKA
SMAK
SOS
ZDROWIE
ZDROWY
TOKSYNA
WITAMINA

72 - Edificios

H	N	B	E	Y	A	E	Y	C	A	K	Y	R	B	A	F
O	O	Z	W	U	O	U	X	A	Ż	E	I	W	Q	P	K
G	B	S	B	V	U	Y	H	Ł	D	W	G	N	K	A	A
T	M	S	T	D	O	J	R	O	G	E	C	Y	O	R	B
G	F	Ł	E	E	Ł	Q	R	D	K	I	Ł	I	J	T	I
Z	Q	Y	S	R	L	E	T	O	H	T	W	J	O	A	N
Y	I	L	Z	Q	W	Ż	A	T	E	R	V	W	L	M	A
L	I	O	Q	O	O	A	E	S	Z	A	M	E	K	E	Ł
P	W	R	F	J	M	R	T	M	U	Z	E	U	M	N	O
B	F	R	S	O	B	A	B	O	P	W	L	Y	S	T	K
L	W	P	C	M	Q	G	H	W	R	X	W	J	T	X	Z
S	Z	P	I	T	A	L	D	S	A	I	T	P	A	A	S
S	U	P	E	R	M	A	R	K	E	T	U	V	D	I	D
A	M	B	A	S	A	D	A	P	K	M	E	M	I	C	K
L	A	B	O	R	A	T	O	R	I	U	M	I	O	H	O
U	N	I	W	E	R	S	Y	T	E	T	L	S	N	D	M

HOSTEL
APARTAMENT
KABINA
ZAMEK
KINO
AMBASADA
SZKOŁA
STADION
FABRYKA
GARAŻ
STODOŁA
SZPITAL
HOTEL
LABORATORIUM
MUZEUM
OBSERWATORIUM
SUPERMARKET
TEATR
WIEŻA
UNIWERSYTET

73 - Océano

G	Z	N	M	V	Z	L	Y	U	Z	Q	O	Y	K	Q	Y
Ą	J	C	J	H	Z	C	G	Ł	L	Y	S	Y	R	Q	R
B	O	Ś	M	I	O	R	N	I	C	A	T	I	A	C	Z
K	T	U	Ń	C	Z	Y	K	G	Ł	K	R	U	B	S	N
A	B	Y	R	Y	S	N	M	O	B	T	Y	O	O	Q	B
I	A	U	P	T	N	A	E	U	Z	E	G	R	K	B	F
J	Z	L	R	M	R	W	D	G	P	W	A	V	Y	W	K
Q	Ł	I	Y	Z	D	I	U	O	N	E	S	I	H	S	U
I	S	O	K	K	A	E	Z	V	U	R	Ż	Ó	Ł	W	V
W	Ę	G	O	R	Z	L	A	X	G	K	Q	B	L	G	L
B	F	O	K	L	Z	O	U	N	N	N	R	R	R	A	G
H	Ź	X	T	Z	K	R	O	A	I	I	A	F	N	A	A
D	D	Q	Y	M	P	Y	N	S	K	M	F	G	R	I	C
U	Ó	H	G	E	B	B	E	Ó	E	K	A	L	D	H	U
P	Ł	Y	W	Y	F	O	Ł	L	R	D	F	J	E	M	X
G	L	O	N	Y	E	M	G	Y	Ł	K	O	E	M	D	H

GLONY
WĘGORZ
RAFA
TUŃCZYK
WIELORYB
ŁÓDŹ
KREWETKA
KRAB
KORAL
DELFIN
GĄBKA
PŁYWY
MEDUZA
OSTRYGA
RYBA
OŚMIORNICA
SÓL
REKIN
BURZA
ŻÓŁW

74 - Ciudad

K	P	E	L	K	S	J	D	Q	Q	A	Q	A	P	J	X
I	S	B	F	I	E	Q	Y	K	N	O	I	Q	O	V	E
M	J	I	F	N	T	N	L	W	Ł	X	E	Y	N	D	P
P	P	R	Ę	O	O	Z	Y	U	Q	Ł	A	N	K	I	O
X	C	P	U	G	S	L	Z	R	A	I	C	A	I	W	K
R	O	F	K	N	A	B	R	Q	K	Y	S	G	R	B	S
Z	O	O	Q	U	I	R	T	A	E	T	T	A	Y	I	I
S	Z	K	O	Ł	A	W	N	V	T	U	A	L	Z	B	N
S	Q	N	Q	F	U	K	E	I	P	D	D	E	I	L	T
F	I	Z	H	Q	A	H	I	R	A	V	I	R	H	I	O
P	I	E	K	A	R	N	I	A	S	M	O	I	O	O	L
M	U	Z	E	U	M	Z	F	Y	A	Y	N	A	T	T	B
S	U	P	E	R	M	A	R	K	E	T	T	J	E	E	M
N	C	V	M	P	N	S	D	E	S	Ł	W	E	L	K	M
H	X	F	P	Z	S	C	N	M	Ł	I	Y	B	T	A	T
K	L	I	N	I	K	A	Y	N	Q	H	R	D	P	C	F

LOTNISKO
BANK
BIBLIOTEKA
KINO
KLINIKA
SZKOŁA
STADION
APTEKA
KWIACIARZ
GALERIA
HOTEL
KSIĘGARNIA
RYNEK
MUZEUM
PIEKARNIA
SUPERMARKET
TEATR
SKLEP
UNIWERSYTET
ZOO

75 - Agronomía

K	N	A	M	E	R	H	V	Z	O	Z	V	H	M	X	X
Ś	Ł	A	K	U	A	N	A	I	G	R	E	N	E	C	I
Ł	R	N	W	A	Y	Z	O	T	Z	Ó	S	I	S	W	R
N	B	O	B	Ó	A	Y	K	I	J	W	Z	J	Z	A	D
M	P	I	D	A	Z	K	O	B	Ł	N	C	H	G	J	R
F	W	S	W	O	D	N	P	Y	B	O	R	O	H	C	O
G	D	A	D	O	W	A	C	E	H	W	G	W	N	A	Ś
E	C	N	D	N	W	I	N	Y	W	A	J	T	O	K	L
W	I	E	J	S	K	I	S	I	P	Ż	N	C	A	I	I
E	K	O	L	O	G	I	A	K	E	O	A	I	K	F	N
W	A	R	Z	Y	W	A	T	X	O	N	T	N	E	Y	Y
E	P	S	U	Ł	Y	M	E	T	S	Y	S	L	B	T	T
O	R	G	A	N	I	C	Z	N	Y	I	O	O	J	N	N
F	Z	E	R	O	Z	J	A	M	B	Z	R	R	S	E	U
D	Q	K	D	Z	G	J	X	L	M	M	Z	R	A	D	A
P	R	O	D	U	K	C	J	A	J	I	W	Ł	V	I	M

ROLNICTWO
WODA
NAUKA
WZROST
EKOLOGIA
ENERGIA
CHOROBY
EROZJA
BADANIE
NAWÓZ
IDENTYFIKACJA
ŚRODOWISKO
ORGANICZNY
ROŚLINY
PRODUKCJA
WIEJSKI
NASIONA
SYSTEMY
ZRÓWNOWAŻONY
WARZYWA

76 - Deporte

B	Ć	I	D	N	O	C	Q	Ł	E	T	X	S	C	N	I
M	A	L	X	Ł	P	G	D	G	K	W	M	P	X	M	Z
K	I	C	Ś	O	K	W	E	Q	T	J	D	O	D	I	A
W	M	G	S	Ć	Ś	O	N	L	O	D	Z	R	I	Ę	T
O	Y	N	M	Z	V	Ł	Z	B	P	I	I	T	E	Ś	L
D	Z	T	A	T	N	A	C	T	E	K	P	Y	T	N	E
D	R	Z	R	S	Q	I	I	Q	U	R	J	O	A	I	T
Y	B	D	G	Z	F	C	L	O	H	E	J	D	K	E	A
C	L	R	O	G	Y	T	O	R	G	D	I	Ż	C	U	C
H	O	O	R	A	Ł	M	B	X	P	V	E	Y	X	F	T
A	Y	W	P	Z	D	Ć	A	W	Y	Ł	P	W	D	W	R
Ć	W	I	T	B	B	V	T	Ł	J	K	Ł	I	W	K	E
G	Y	E	A	P	V	C	E	S	O	Ł	N	A	R	F	N
T	A	N	I	E	C	S	M	X	G	Ś	U	N	Ł	X	E
R	O	Z	C	I	Ą	G	A	N	I	E	Ć	I	K	I	R
K	O	L	A	R	S	T	W	O	R	C	Q	E	G	B	S

ATLETA
TANIEC
ZDOLNOŚĆ
KOLARSTWO
CIAŁO
SPORTY
DIETA
TRENER
ROZCIĄGANIE
SIŁA
KOŚCI
WYOLBRZYMIAĆ
METABOLICZNE
MIĘŚNIE
PŁYWAĆ
ODŻYWIANIE
PROGRAM
WYTRZYMAŁOŚĆ
ODDYCHAĆ
ZDROWIE

77 - Actividades y Ocio

N	U	R	K	O	W	A	N	I	E	P	N	K	W	P	F
U	C	A	H	I	K	O	F	L	O	G	C	O	S	I	B
R	Y	P	U	K	A	Z	I	L	P	J	I	S	T	Ł	K
K	M	D	O	W	T	S	R	A	L	A	M	Z	B	K	E
W	K	Q	W	Ó	A	I	I	B	D	Y	X	Y	O	A	E
C	X	Y	T	R	K	N	R	E	G	Y	Z	K	K	N	V
M	W	C	S	D	W	E	G	S	O	C	U	Ó	S	O	P
G	H	Ą	R	Ę	Ó	T	A	A	L	C	X	W	V	Ż	J
A	Z	J	A	W	K	L	O	B	K	S	Ł	K	P	N	P
S	Z	A	K	U	T	Z	S	U	E	U	I	A	Ł	A	W
K	A	Ż	D	Z	A	H	V	W	M	R	G	B	Y	H	A
L	W	Ę	Ę	J	I	A	R	T	P	F	I	N	W	J	A
X	F	R	W	L	S	D	E	T	I	I	C	H	A	C	N
P	Q	P	P	O	D	R	Ó	Ż	N	N	Ś	S	N	F	T
Y	T	D	Ł	T	E	W	H	G	G	G	Y	C	I	Y	F
H	L	O	G	R	O	D	N	I	C	T	W	O	E	O	Q

SZTUKA
KOSZYKÓWKA
BASEBALL
BOKS
NURKOWANIE
KEMPING
WYŚCIGI
ZAKUPY
PIŁKA NOŻNA
GOLF
OGRODNICTWO
PŁYWANIE
WĘDKARSTWO
MALARSTWO
ODPRĘŻAJĄCY
WĘDRÓWKI
SURFING
TENIS
PODRÓŻ
SIATKÓWKA

78 - Ingeniería

B	H	S	O	P	D	O	B	S	O	E	V	K	H	E	T
W	S	Y	T	K	Ł	G	B	U	P	O	M	I	A	R	K
D	Ł	Ł	B	R	X	G	C	L	D	C	A	D	F	Y	N
D	U	R	J	Ł	U	F	F	T	I	O	Ł	D	K	X	H
C	I	E	C	Z	H	K	K	Y	M	C	W	K	Ą	T	B
A	J	C	U	B	Y	R	T	S	Y	D	Z	A	F	A	W
D	I	A	G	R	A	M	S	U	M	R	T	E	S	G	R
I	H	N	X	C	A	A	I	G	R	E	N	E	Ń	A	S
Ć	Ś	O	K	O	B	Ę	Ł	G	Q	A	Z	I	F	A	E
T	B	L	F	Ł	F	U	A	Ł	W	N	Ł	N	H	B	K
Ś	R	E	D	N	I	C	A	V	R	Y	S	G	W	N	Q
O	K	S	Y	O	U	H	Q	Z	F	Z	F	I	Y	L	P
T	S	E	I	C	R	A	T	T	C	S	C	W	Q	R	M
H	K	I	N	L	I	S	H	K	Q	A	X	Ź	V	C	W
C	S	D	R	X	W	Ł	C	P	Z	M	J	D	X	Q	I
S	T	A	B	I	L	N	O	Ś	Ć	N	A	P	Ę	D	D

KĄT
OBLICZEŃ
BUDOWA
DIAGRAM
ŚREDNICA
DIESEL
DYSTRYBUCJA
OŚ
ENERGIA
STABILNOŚĆ
STRUKTURA
TARCIE
SIŁA
CIECZ
MASZYNA
POMIAR
SILNIK
DŹWIGNIE
GŁĘBOKOŚĆ
NAPĘD

79 - Comida #1

R	T	M	S	E	T	U	Ń	C	Z	Y	K	U	F	C	C
E	Z	E	M	A	L	U	B	E	C	X	T	H	P	Z	U
S	X	E	F	Ł	Ł	K	Y	D	O	L	C	L	G	O	K
Z	M	B	P	A	J	A	C	N	O	S	Ę	I	M	S	I
L	M	J	Z	A	Ę	A	T	O	Q	Z	Ł	B	Z	N	E
T	I	E	U	N	C	Ł	C	K	N	P	Ł	U	Q	E	R
U	Ę	Q	C	Y	Z	G	D	E	A	I	U	A	F	K	I
Ł	T	J	Y	R	M	A	P	L	W	N	L	J	Y	O	T
M	A	X	E	T	I	K	B	M	P	A	P	U	Z	S	R
Z	Y	G	O	Y	E	W	Z	A	Y	K	R	Z	V	V	U
K	K	G	X	C	Ń	E	N	D	Z	H	Ł	I	X	O	S
H	V	F	E	Ł	B	H	S	O	H	Y	F	N	M	G	K
B	N	Z	L	X	I	C	T	H	I	L	L	S	M	V	A
Y	X	F	Q	N	F	R	M	Ł	N	Y	Ó	I	T	Q	W
G	R	U	S	Z	K	A	Q	V	X	H	S	L	A	Ł	K
Z	Q	C	Y	N	A	M	O	N	D	N	D	V	S	L	A

CZOSNEK
BAZYLIA
TUŃCZYK
CUKIER
CYNAMON
MIĘSO
JĘCZMIEŃ
CEBULA
SAŁATKA
SZPINAK
TRUSKAWKA
SOK
MLEKO
CYTRYNA
MIĘTA
RZEPA
GRUSZKA
SÓL
ZUPA
MARCHEWKA

80 - Antigüedades

J	D	G	Y	Y	N	Z	C	Y	T	N	E	T	U	A	S
J	Ł	A	D	N	H	M	P	D	D	T	R	R	Ł	J	T
C	E	N	A	J	C	Y	T	S	E	W	N	I	R	C	U
O	D	V	K	Y	W	R	X	M	H	C	G	K	B	K	L
Q	V	L	E	C	F	A	Z	Y	Z	H	M	S	I	U	E
S	Y	I	D	A	J	S	R	E	P	V	I	M	Ż	A	C
R	Ł	O	D	R	F	Q	D	T	Ź	H	V	O	U	C	I
S	K	E	L	O	W	X	A	Z	O	B	R	N	T	V	E
R	Y	N	L	K	A	S	R	B	X	Ś	A	E	E	L	N
X	W	V	I	E	S	Z	T	U	K	A	Ć	T	R	Y	B
T	Z	D	F	D	G	F	R	C	W	P	Q	Y	I	Ł	L
M	E	B	L	E	E	A	I	R	E	L	A	G	A	A	F
Ł	I	P	Y	P	C	S	N	Q	D	Ł	F	R	V	R	Z
T	N	Y	T	Z	F	Q	F	C	J	T	W	I	K	R	D
E	A	E	S	V	E	Ć	Ś	O	K	A	J	S	T	A	N
L	T	A	Z	H	C	G	C	H	Y	I	S	T	A	R	Y

SZTUKA
AUTENTYCZNY
JAKOŚĆ
STAN
DEKORACYJNY
DEKADY
ELEGANCKI
RZEŹBA
STYL
GALERIA
NIEZWYKŁY
INWESTYCJA
BIŻUTERIA
MONETY
MEBLE
CENA
STULECIE
AUKCJA
WARTOŚĆ
STARY

81 - Literatura

N	X	X	K	P	M	Q	T	L	R	F	O	T	P	W	L
A	T	O	D	G	E	N	A	G	O	Ł	L	E	O	I	D
R	F	S	K	R	A	J	C	K	I	F	A	M	R	E	O
R	F	T	O	P	I	S	D	D	T	Z	U	A	Ó	R	N
A	F	Y	K	Q	F	C	R	I	O	M	T	T	W	S	G
T	V	L	D	N	A	M	O	E	A	Q	O	L	N	Z	U
O	C	Q	W	M	R	C	E	P	N	L	R	Z	A	C	Q
R	P	N	M	H	G	W	I	T	Q	B	O	M	N	Ł	Z
A	O	O	O	Z	O	K	N	V	A	H	V	G	I	K	A
N	W	V	U	G	I	M	K	I	C	F	E	I	E	R	X
A	I	Y	B	P	B	Z	F	D	O	T	O	D	D	Y	Y
L	E	P	O	E	T	Y	C	K	I	S	J	R	A	T	R
I	Ś	A	N	A	L	O	G	I	A	R	E	Q	A	M	Y
Z	Ć	L	J	Q	G	P	T	W	T	C	I	K	I	Z	M
A	I	D	E	G	A	R	T	B	P	F	Z	O	U	H	H
B	P	T	N	P	Z	Y	V	H	K	G	D	G	F	O	R

ANALOGIA
ANALIZA
ANEGDOTA
AUTOR
BIOGRAFIA
PORÓWNANIE
WNIOSEK
OPIS
DIALOG
STYL
FIKCJA
METAFORA
NARRATOR
POWIEŚĆ
WIERSZ
POETYCKI
RYM
RYTM
TEMAT
TRAGEDIA

82 - Química

K	A	T	A	L	I	Z	A	T	O	R	A	H	N	W	W
W	C	A	R	U	T	A	R	E	P	M	E	T	G	W	Ę
P	V	Z	S	K	S	Ó	L	G	O	N	E	L	T	M	G
F	N	M	Ą	H	X	D	O	T	Ł	O	M	T	Z	P	I
W	Z	L	K	S	Z	D	C	W	P	J	F	S	A	P	E
E	A	N	O	R	T	K	E	L	E	W	J	W	I	L	L
N	W	G	H	D	V	E	W	Y	I	K	Ą	V	X	A	E
Z	U	I	A	M	E	I	C	N	C	W	D	U	Y	R	X
Y	O	F	B	U	H	S	P	Z	Ł	A	R	Ó	D	O	W
M	S	M	G	X	G	J	V	C	K	S	O	R	L	L	T
G	A	Z	O	Ł	Ł	D	O	I	X	A	W	E	M	H	A
O	K	I	X	Y	X	U	X	L	J	K	Y	A	S	C	Q
Q	O	Z	E	F	M	N	R	A	V	W	J	K	I	Ł	U
C	I	E	C	Z	H	S	R	K	X	V	J	C	K	T	R
O	E	N	Q	G	Y	V	T	L	S	P	O	J	B	D	I
H	Ł	Q	Y	J	A	W	P	A	V	U	X	A	Ł	Ł	P

ALKALICZNY
KWAS
CIEPŁO
WĘGIEL
KATALIZATOR
CHLOR
ELEKTRON
ENZYM
GAZ
WODÓR
JON
CIECZ
METALE
CZĄSTECZKA
JĄDROWY
TLEN
WAGA
REAKCJA
SÓL
TEMPERATURA

83 - Gobierno

D	C	Z	G	H	G	A	P	O	D	N	V	Z	K	U	H
Ó	E	C	Y	W	I	L	N	Y	Z	I	A	I	O	L	Y
R	E	M	E	E	T	T	N	S	I	E	J	T	N	I	Z
A	Ć	Ś	O	N	W	Ó	R	Ą	E	Z	G	M	S	D	G
N	P	T	Y	K	Ł	Z	C	D	L	A	D	X	T	E	Y
G	Ł	C	K	G	R	F	J	O	N	L	Y	U	Y	R	Q
M	N	V	F	Z	Z	A	X	W	I	E	S	Y	T	D	M
K	R	A	J	O	W	E	C	Y	C	Ż	K	Ł	U	B	R
W	O	L	N	O	Ś	Ć	P	J	A	N	U	T	C	Z	K
Z	R	U	A	X	S	H	I	W	A	O	S	R	J	J	D
Q	U	U	C	V	Y	N	P	T	W	Ś	J	M	A	R	U
P	R	A	W	O	G	Z	A	H	O	Ć	A	W	A	R	P
V	X	B	J	N	A	H	P	O	M	N	I	K	K	V	H
O	B	Y	W	A	T	E	L	S	T	W	O	P	W	L	B
S	Y	M	B	O	L	P	R	P	O	L	I	T	Y	K	A
Z	W	I	W	P	N	R	B	M	W	B	Y	V	D	W	Q

OBYWATELSTWO
CYWILNY
KONSTYTUCJA
DEMOKRACJA
PRAWA
MOWA
DYSKUSJA
DZIELNICA
STAN
RÓWNOŚĆ
NIEZALEŻNOŚĆ
SĄDOWY
PRAWO
WOLNOŚĆ
LIDER
POMNIK
KRAJOWE
NARÓD
POLITYKA
SYMBOL

84 - Creatividad

A	E	D	R	A	M	A	T	Y	C	Z	N	Y	H	T	P
U	M	D	R	S	W	Y	R	A	Ż	E	N	I	E	E	R
T	O	Ł	Y	T	U	W	Y	O	B	R	A	Ź	N	I	A
E	C	Y	A	U	M	Ł	N	P	Ł	K	Q	Z	G	N	J
N	J	K	J	W	I	O	Z	K	O	W	A	K	U	E	C
T	E	Z	C	Ł	E	D	C	W	W	M	V	X	I	Ż	A
Y	I	Z	I	V	J	O	Y	Y	I	R	Y	I	S	A	R
C	C	A	U	W	Ę	Q	T	N	T	R	W	S	J	R	I
Z	U	U	T	A	T	M	S	A	A	D	N	P	Ł	W	P
N	Z	S	N	M	N	C	Y	L	L	O	O	O	I	Y	S
O	C	W	I	C	O	V	T	A	N	K	B	Y	U	P	N
Ś	U	R	Ł	B	Ś	C	R	Z	O	W	R	U	J	W	I
Ć	L	E	X	R	Ć	U	A	C	Ś	V	A	M	R	R	U
P	Ł	Y	N	N	O	Ś	Ć	Z	Ć	K	Z	R	B	P	T
P	F	H	Ć	Ś	O	T	S	Y	Z	R	J	E	Z	R	P
S	P	O	N	T	A	N	I	C	Z	N	Y	Q	T	D	A

ARTYSTYCZNY
AUTENTYCZNOŚĆ
PRZEJRZYSTOŚĆ
DRAMATYCZNY
EMOCJE
SPONTANICZNY
WYRAŻENIE
PŁYNNOŚĆ
UMIEJĘTNOŚĆ
POMYSŁY
OBRAZ
WYOBRAŹNIA
WRAŻENIE
INSPIRACJA
INTUICJA
WYNALAZCZY
UCZUCIE
WIZJE
WITALNOŚĆ

85 - Filantropía

U	T	U	P	U	B	L	I	C	Z	N	Y	Ł	D	E	M
Z	D	X	C	L	E	Q	C	Q	D	Y	N	J	Q	N	Ł
H	Y	X	O	Z	G	P	X	J	X	L	P	C	J	B	O
F	P	A	D	L	C	H	O	J	N	O	Ś	Ć	H	Z	D
P	U	H	H	D	A	I	R	O	T	S	I	H	Q	J	Z
N	R	N	M	W	R	Y	W	O	T	A	I	W	Ś	V	I
Z	G	O	D	J	W	Ć	Ś	O	N	Z	C	Ą	Ł	F	E
C	Ł	Q	G	U	J	K	C	Ł	Ś	U	I	G	I	I	Ż
H	R	B	C	R	S	L	E	J	F	Ć	J	L	I	N	L
I	L	J	I	Z	A	Z	L	U	D	Z	I	E	I	A	U
D	Z	I	E	C	I	M	E	H	M	Q	J	L	E	N	D
H	V	Y	F	N	B	B	Y	W	K	B	K	E	Q	S	Z
S	P	O	Ł	E	C	Z	N	O	Ś	Ć	I	C	E	E	K
R	J	G	Ł	I	P	O	D	A	R	O	W	A	Ć	N	O
V	D	O	B	R	O	C	Z	Y	N	N	O	Ś	Ć	P	Ś
M	P	O	T	R	Z	E	B	A	M	I	S	J	A	Z	Ć

DOBROCZYNNOŚĆ
SPOŁECZNOŚĆ
ŁĄCZNOŚĆ
PODAROWAĆ
FINANSE
FUNDUSZE
HOJNOŚĆ
LUDZIE
ŚWIATOWY
GRUPY
HISTORIA
UCZCIWOŚĆ
LUDZKOŚĆ
MŁODZIEŻ
CELE
MISJA
POTRZEBA
DZIECI
PROGRAMY
PUBLICZNY

86 - Clima

L	N	A	T	M	O	S	F	E	R	A	M	Y	M	E	Z
T	N	G	N	E	F	Ź	H	Z	T	R	A	P	N	D	B
E	Ł	D	Y	A	N	D	H	G	A	L	Ł	L	G	R	J
M	J	Q	N	P	U	Ó	E	E	I	U	P	Q	R	N	P
P	N	Q	U	S	S	W	O	K	W	T	L	Q	Z	I	K
E	C	X	D	I	N	O	L	S	N	Q	Q	Ł	M	E	Q
R	D	Q	T	R	O	P	I	K	A	L	N	Y	O	B	E
A	M	G	Ł	A	M	C	X	A	Z	R	U	B	T	O	R
T	W	L	U	P	M	Y	F	I	Y	A	R	U	M	H	C
U	K	T	Q	I	O	I	X	R	R	Z	O	L	C	A	S
R	X	O	O	N	M	L	L	Q	B	S	I	Ó	Q	Ł	L
A	U	A	F	R	C	U	A	K	C	U	P	D	N	D	P
I	E	U	V	D	N	Ł	W	R	Y	S	J	Y	L	I	W
Y	M	U	S	X	U	A	Y	X	N	A	G	A	R	U	H
S	Z	M	P	P	W	F	D	K	K	Y	H	Y	I	C	G
Ł	E	T	S	U	C	H	Y	O	X	A	S	B	Z	L	V

ATMOSFERA
BRYZA
NIEBO
KLIMAT
LÓD
HURAGAN
POWÓDŹ
MONSUN
MGŁA
CHMURA
POLARNY
PIORUN
SUCHY
SUSZA
TEMPERATURA
BURZA
TORNADO
TROPIKALNY
GRZMOT
WIATR

87 - Comida #2

M	Y	V	J	K	N	W	A	D	B	K	R	B	V	Q	M
W	I	D	Ł	A	C	I	N	E	Z	S	P	K	M	J	O
E	I	G	Y	I	L	Ś	V	C	M	J	D	Z	U	S	C
K	O	N	D	R	L	N	D	Q	O	T	Z	W	P	K	T
I	I	A	O	A	J	I	P	O	M	I	D	O	R	O	A
W	E	N	L	G	Ł	A	E	K	A	Z	C	R	U	K	K
I	O	A	K	P	R	L	D	J	S	B	Q	W	K	Ł	A
B	U	B	Ł	B	I	O	O	A	Ł	A	U	A	G	B	R
W	F	H	Ł	M	B	A	N	J	O	K	O	R	N	A	C
Y	N	U	T	Q	M	W	N	O	N	Ł	C	Y	S	J	Z
F	B	Y	G	N	I	Z	I	R	E	A	K	Ż	E	E	O
C	Z	E	K	O	L	A	D	A	C	Ż	T	R	R	J	C
J	X	A	L	S	G	W	N	O	Z	A	R	Z	E	X	H
A	Z	L	C	H	H	Ł	Z	P	N	N	I	C	L	W	J
S	O	Q	M	R	C	K	C	H	I	H	T	P	E	E	B
I	L	Ł	J	O	G	U	R	T	K	N	M	V	S	V	U

KARCZOCH
MIGDAŁ
SELER
RYŻ
BAKŁAŻAN
WIŚNIA
CZEKOLADA
SŁONECZNIK
JAJKO
IMBIR
KIWI
JABŁKO
CHLEB
BANAN
KURCZAK
SER
POMIDOR
PSZENICA
WINOGRONO
JOGURT

88 - Diplomacia

H	U	M	A	N	I	T	A	R	N	Y	W	M	A	P	I
J	Ę	Z	Y	K	I	B	Y	Q	Y	S	U	R	F	O	B
D	Y	P	L	O	M	A	T	Y	C	Z	N	Y	R	L	L
Ą	D	Y	S	K	U	S	J	A	D	A	E	F	F	I	F
Z	A	M	B	A	S	A	D	O	R	O	F	V	K	T	O
R	E	Z	O	L	U	C	J	A	Z	C	R	Y	I	Y	V
U	C	Z	C	I	W	O	Ś	Ć	A	L	Q	A	O	K	U
K	T	R	A	K	T	A	T	A	G	C	L	G	D	A	P
K	A	K	Y	T	E	V	Y	T	R	N	K	Q	B	C	N
B	D	M	I	K	S	L	E	T	A	W	Y	B	O	W	A
I	A	T	P	A	A	I	T	G	N	Y	Z	F	T	D	S
Q	S	G	W	A	C	U	T	K	I	L	F	N	O	K	B
L	A	K	U	Y	N	D	F	A	C	L	S	Y	P	R	N
X	B	G	Q	S	E	I	N	A	Z	Ą	I	W	Z	O	R
H	M	A	Y	R	Z	R	E	M	N	S	B	X	I	Y	U
W	A	P	V	R	C	K	K	X	Y	I	O	X	M	Q	V

DORADCA
KAMPANIE
OBYWATELSKI
KONFLIKT
DYPLOMATYCZNY
DYSKUSJA
AMBASADA
AMBASADOR
ZAGRANICZNY
ETYKA
RZĄD
HUMANITARNY
JĘZYKI
UCZCIWOŚĆ
POLITYKA
REZOLUCJA
ROZWIĄZANIE
TRAKTAT

89 - Herboristería

F	M	G	E	O	C	R	K	P	T	K	A	M	S	M	L
S	Q	G	M	C	U	Q	E	E	F	W	G	I	V	U	A
N	A	T	C	D	M	T	X	F	N	I	E	Ę	W	I	W
J	N	O	L	Ó	T	X	N	O	G	A	R	T	S	E	E
P	I	E	T	R	U	S	Z	K	A	T	R	A	Z	R	N
Y	L	U	P	G	Q	D	Q	S	D	P	C	E	B	K	D
N	Ś	Ć	Ś	O	K	A	J	D	F	J	Z	H	J	Y	A
R	O	B	Z	Ł	J	J	Q	Q	S	S	O	O	S	A	B
A	R	O	M	A	T	Y	C	Z	N	Y	S	G	Z	Z	M
N	D	E	B	A	Z	Y	L	I	A	L	N	Ł	A	I	J
I	F	F	P	H	Z	D	I	B	E	D	E	G	F	E	X
L	Q	W	F	O	C	H	O	L	S	A	K	G	R	L	I
U	L	W	J	F	K	I	N	D	A	Ł	K	S	A	O	K
K	O	P	E	R	W	Ł	O	S	K	I	U	L	N	N	I
V	N	S	P	L	D	Z	U	W	W	E	H	F	P	Y	X
R	O	Z	M	A	R	Y	N	V	X	U	H	Q	L	F	T

CZOSNEK
BAZYLIA
AROMATYCZNY
SZAFRAN
JAKOŚĆ
KULINARNY
KOPER
ESTRAGON
KWIAT
KOPER WŁOSKI
SKŁADNIK
OGRÓD
LAWENDA
MAJERANEK
MIĘTA
PIETRUSZKA
ROŚLINA
ROZMARYN
SMAK
ZIELONY

90 - Energía

E	J	Y	V	O	R	L	J	B	Q	B	P	O	Z	P	E
L	A	N	S	M	Ł	C	H	Ą	A	O	Y	G	H	A	L
E	W	Ę	G	I	E	L	Y	Ł	D	T	D	J	Q	L	E
K	O	O	D	G	O	E	K	Q	J	R	E	O	U	I	K
T	D	E	X	D	W	Z	I	M	M	I	O	R	N	W	T
R	N	R	Ś	Y	N	F	N	O	T	O	F	W	I	O	R
Y	A	O	R	E	L	D	L	G	Y	F	I	V	Y	A	O
C	W	H	O	Ł	P	E	I	C	S	Ł	O	Ń	C	E	N
Z	I	O	D	E	W	Ł	S	Y	M	E	Z	R	P	K	T
N	A	B	O	N	X	V	Y	E	T	U	R	B	I	N	A
Y	L	N	W	T	M	O	W	F	I	S	T	U	T	T	I
W	N	M	I	R	T	Q	C	Ł	W	D	A	G	B	A	N
O	E	Q	S	O	N	Z	Ł	H	R	W	I	E	E	P	Y
R	P	I	K	P	S	O	K	V	Ł	G	W	U	N	F	Z
A	U	Y	O	I	E	J	U	C	W	Ł	D	H	B	H	D
P	K	I	J	A	N	Y	Z	N	E	B	W	O	D	Ó	R

BATERIA
CIEPŁO
WĘGIEL
PALIWO
DIESEL
ELEKTRON
ELEKTRYCZNY
ENTROPIA
FOTON
BENZYNA
WODÓR
PRZEMYSŁ
ŚRODOWISKO
SILNIK
JĄDROWY
ODNAWIALNE
SŁOŃCE
TURBINA
PAROWY
WIATR

91 - Insectos

K	Q	E	L	R	B	T	S	D	P	Z	H	P	E	Q	Q
K	A	R	A	L	U	C	H	Z	Q	C	J	C	T	U	E
L	C	D	M	R	Ó	W	K	A	A	M	Ć	H	L	V	F
V	Y	W	A	R	J	K	O	S	A	R	Q	Ł	Q	M	U
X	Z	H	W	K	J	E	O	D	Ł	A	A	A	L	B	D
F	S	K	R	L	Y	T	O	M	O	M	K	Ń	Q	N	G
M	M	P	A	I	I	C	U	V	Z	O	N	E	C	C	M
A	Q	R	L	L	J	L	U	Y	C	K	O	Z	C	Z	Ł
M	S	X	A	Z	A	T	W	T	Z	S	R	S	T	C	A
Ł	E	Y	Q	U	L	A	A	P	S	L	D	R	F	Z	Ł
P	N	S	W	X	F	Z	Ż	A	P	V	E	E	V	S	K
K	Ł	C	W	R	O	E	K	R	X	G	I	Z	A	Ą	M
Q	L	U	N	T	G	Y	A	Z	O	K	B	S	C	Z	Y
K	O	N	I	K	P	O	L	N	Y	B	V	V	E	R	M
T	E	R	M	I	T	C	A	K	S	G	A	S	T	H	F
M	O	D	L	I	S	Z	K	A	Z	R	P	K	I	C	W

PSZCZOŁA
OSA
SZERSZEŃ
MSZYCA
CYKADA
KARALUCH
CHRZĄSZCZ
ROBAK
MRÓWKA
SZARAŃCZA
LARWA
WAŻKA
MODLISZKA
MOTYL
BIEDRONKA
KOMAR
ĆMA
PCHŁA
KONIK POLNY
TERMIT

92 - Especias

L	S	H	B	A	L	Ł	L	H	K	I	Z	D	Ź	O	G
O	Ó	V	Ł	O	G	M	A	K	W	C	B	H	Ł	N	H
M	L	G	D	E	L	Z	N	V	A	D	E	R	C	W	T
Ł	N	I	M	B	I	R	Y	Z	Ś	U	F	B	C	S	H
G	O	R	Z	K	I	P	Ż	C	N	S	Z	T	U	C	C
N	Y	N	J	N	X	E	O	L	Y	B	O	B	U	L	E
X	L	Ł	Y	O	T	I	L	K	M	I	N	E	K	W	A
M	D	N	D	M	W	P	U	C	N	N	M	I	U	A	L
C	Z	O	S	N	E	K	K	K	F	C	F	K	X	N	O
U	Y	M	O	B	K	X	R	P	R	H	D	D	Z	I	A
S	M	A	K	W	S	K	E	J	A	H	D	O	A	L	C
N	O	N	T	E	V	Y	C	Q	G	P	C	Ł	X	I	J
N	C	Y	V	Q	P	D	J	V	Q	Z	R	S	I	A	G
T	T	C	G	I	T	F	A	P	K	R	F	Y	M	E	B
D	Ł	K	C	U	R	R	Y	O	D	P	C	Z	K	F	A
S	Z	A	F	R	A	N	O	M	A	D	R	A	K	A	H

KWAŚNY
CZOSNEK
GORZKI
ANYŻ
SZAFRAN
CYNAMON
KARDAMON
CEBULA
GOŹDZIK
KMINEK
CURRY
SŁODKIE
IMBIR
PAPRYKA
PIEPRZ
LUKRECJA
SMAK
SÓL
WANILIA

93 - Universo

T	Z	K	Q	G	A	R	E	F	S	O	M	T	A	P	Y
E	S	O	A	E	A	U	A	T	I	B	R	O	S	R	D
L	A	Y	D	J	H	L	V	I	D	E	C	I	T	Z	S
E	E	A	N	I	B	F	A	C	U	I	X	H	R	E	K
S	F	C	C	Z	A	B	I	K	Z	N	V	K	O	S	Y
K	L	X	Ł	N	C	K	W	Z	T	B	V	N	N	I	M
O	A	S	T	E	R	O	I	D	A	Y	N	F	O	L	K
P	H	Z	C	H	H	C	D	A	F	P	K	Ł	M	E	H
K	S	I	Ę	Ż	Y	C	U	I	H	Ó	I	A	I	N	O
K	O	S	M	I	C	Z	N	Y	W	Ł	N	H	A	I	R
S	Ł	O	N	E	C	Z	N	Y	C	K	W	N	R	E	Y
C	I	E	M	N	O	Ś	Ć	P	H	U	Ó	B	V	H	Z
A	S	T	R	O	N	O	M	K	K	L	R	Ł	M	A	O
G	W	A	C	E	C	I	K	S	Ń	A	I	B	E	I	N
S	S	C	R	B	G	L	O	N	C	L	J	D	Ł	M	T
G	Ł	H	Ł	S	P	W	N	D	V	G	J	I	Y	E	F

ASTEROIDA
ASTRONOMIA
ASTRONOM
ATMOSFERA
NIEBIAŃSKI
NIEBO
KOSMICZNY
RÓWNIK
EON
GALAKTYKA
PÓŁKULA
HORYZONT
KSIĘŻYC
CIEMNOŚĆ
ORBITA
SŁONECZNY
PRZESILENIE
TELESKOP
WIDOCZNY
ZODIAK

94 - Jazz

B	P	I	O	S	E	N	K	A	I	T	K	X	U	K	Q
K	Ę	F	Z	U	O	Q	S	W	M	S	F	A	L	D	K
V	Z	B	A	J	C	Y	Z	O	P	M	O	K	U	B	G
L	I	L	N	E	K	N	L	X	R	N	O	S	B	Q	A
W	E	S	T	Y	I	W	M	Ł	O	T	A	I	I	L	T
A	N	Q	T	L	T	A	X	K	W	R	M	C	O	L	U
R	Z	A	J	Y	Y	Ł	E	F	I	P	N	A	N	U	N
T	V	T	A	Q	L	S	F	G	Z	M	N	N	E	N	E
S	E	S	T	A	R	Y	Z	C	A	A	L	B	U	M	K
E	P	C	X	P	L	H	F	F	C	T	D	R	G	N	D
I	H	H	H	B	Ł	A	D	V	J	S	D	Y	H	Y	Ł
K	P	T	T	N	E	L	A	T	A	Y	R	T	I	K	I
R	B	N	B	I	I	N	O	W	Y	T	G	M	J	U	A
O	B	Y	Q	C	V	K	P	U	C	R	V	F	K	Ł	Y
K	O	N	C	E	R	T	A	E	E	A	K	Y	Z	U	M
O	L	O	H	N	K	O	M	P	O	Z	Y	T	O	R	C

ARTYSTA
ALBUM
PIOSENKA
KOMPOZYCJA
KOMPOZYTOR
KONCERT
STYL
NACISK
SŁAWNY
ULUBIONE
GATUNEK
IMPROWIZACJA
MUZYKA
NOWY
ORKIESTRA
RYTM
TALENT
BĘBNY
TECHNIKA
STARY

95 - Mediciones

W	L	D	D	C	S	R	C	U	N	C	J	A	M	G	B
W	A	I	S	T	O	P	I	E	Ń	P	K	N	I	Ł	A
U	S	G	T	R	O	V	T	Z	F	T	C	O	N	Ę	J
O	A	M	A	R	G	O	L	I	K	K	Z	T	U	B	T
V	M	U	I	S	M	F	K	H	H	B	F	D	T	O	Z
Q	S	V	S	O	I	X	W	U	I	T	H	D	A	K	J
M	C	H	R	T	E	M	Y	T	N	E	C	L	U	O	D
C	A	L	Y	V	L	Ł	S	Z	O	M	D	A	W	Ś	Z
E	T	R	T	E	M	R	O	Z	Y	N	Q	B	G	Ć	I
F	D	L	G	L	E	O	K	J	A	K	R	R	K	C	E
T	D	D	J	F	J	F	O	O	T	S	Ł	G	T	A	S
S	R	I	U	X	H	Ć	Ś	O	K	O	R	E	Z	S	I
K	M	B	C	H	F	J	Ć	Ł	A	I	C	S	K	F	Ę
K	I	L	O	M	E	T	R	D	Ł	U	G	O	Ś	Ć	T
D	R	Z	F	O	B	J	Ę	T	O	Ś	Ć	P	Z	J	N
L	N	G	Z	B	U	Ł	K	S	L	U	T	R	L	L	Y

WYSOKOŚĆ
SZEROKOŚĆ
BAJT
CENTYMETR
DZIESIĘTNY
STOPIEŃ
GRAM
KILOGRAM
KILOMETR
LITR

DŁUGOŚĆ
MASA
METR
MINUTA
UNCJA
WAGA
GŁĘBOKOŚĆ
CAL
TONA
OBJĘTOŚĆ

96 - Barcos

A	N	Z	H	V	G	U	Ł	T	T	J	Q	U	T	J	D
K	P	R	O	P	H	C	D	I	C	F	S	S	D	Q	R
W	P	P	Z	N	R	V	L	M	Ł	T	K	F	F	Y	F
Ó	D	Q	Ł	Y	I	O	Ł	Ł	K	F	A	L	A	A	T
L	M	Y	D	P	A	S	M	M	A	R	Y	N	A	R	Z
G	I	V	M	J	T	H	C	A	J	G	B	O	Z	L	S
A	G	N	A	E	C	O	F	C	A	J	O	B	T	W	A
Ż	T	O	A	C	I	W	T	O	K	N	Q	Ł	V	V	M
Y	E	O	G	M	O	R	S	K	I	A	Q	M	A	Q	X
B	M	K	D	E	L	S	Z	F	N	U	Ł	L	K	Z	P
I	R	T	W	S	I	Y	I	P	L	T	R	Q	E	L	P
M	O	R	Z	E	L	A	F	B	I	Y	E	Z	Z	J	A
J	E	Z	I	O	R	O	I	D	S	C	V	H	R	S	Y
Q	P	C	O	D	S	H	I	Y	R	Z	Q	A	B	W	J
F	B	F	C	T	R	A	T	W	A	N	Ł	C	I	T	W
J	R	L	Y	I	L	G	K	V	X	Y	U	Ł	S	M	Z

KOTWICA
TRATWA
BOJA
KAJAK
LINA
PROM
JEZIORO
MORZE
FALA
MARYNARZ
MORSKI
MASZT
SILNIK
NAUTYCZNY
OCEAN
FALE
RZEKA
ZAŁOGA
ŻAGLÓWKA
JACHT

97 - Antártida

Z	H	W	N	T	M	J	E	N	L	S	U	F	Q	S	N
A	P	Y	O	W	J	M	A	J	Ó	K	S	I	V	Z	W
T	K	P	O	X	I	Q	L	O	D	A	E	R	Y	L	R
O	X	R	W	T	G	Z	B	F	A	L	C	W	C	W	O
K	V	A	O	I	M	H	Q	Y	N	I	W	G	N	I	P
A	E	W	C	H	M	U	R	Y	O	S	O	K	L	G	Z
H	R	A	L	X	I	S	M	Ł	R	T	D	O	J	E	N
T	T	U	Z	R	W	N	U	Y	H	Y	O	N	W	O	A
M	N	H	T	Y	H	O	F	N	C	Ł	L	T	Y	G	U
B	I	I	K	A	T	P	D	E	O	A	S	Y	S	R	K
A	D	G	Z	O	R	Y	V	A	C	R	M	N	P	A	O
D	E	L	R	C	A	E	B	U	B	E	R	E	Y	F	W
A	Q	Y	S	A	V	D	P	J	T	N	B	N	U	I	Y
C	R	M	Ł	D	C	N	R	M	E	I	F	T	G	A	T
Z	Q	Z	O	B	Ł	J	E	N	E	M	N	F	Z	A	Z
X	C	N	H	A	O	O	A	E	Y	T	M	K	R	A	T

WODA
ZATOKA
NAUKOWY
OCHRONA
KONTYNENT
WYPRAWA
GEOGRAFIA
LODOWCE
LÓD
BADACZ
WYSPY
MIGRACJA
MINERAŁY
CHMURY
PTAKI
PINGWINY
SKALISTY
TEMPERATURA

98 - Mamíferos

T	N	N	I	F	L	E	D	K	K	X	Ł	D	L	Ł	X
A	D	L	I	L	P	E	Ł	O	H	L	W	C	X	Ł	Ł
D	O	H	S	E	I	P	O	Ń	P	D	I	T	Z	P	D
A	D	D	L	V	D	D	Ł	E	F	V	E	C	W	O	H
Ż	Y	R	A	F	A	Ź	C	Z	E	X	L	Y	R	O	G
R	L	G	H	N	Ł	B	W	B	G	T	O	K	Y	B	L
D	Ł	J	S	L	S	J	B	I	D	I	R	W	L	P	Ł
L	U	Z	K	W	I	L	K	Ł	E	I	Y	I	L	E	R
N	P	E	I	A	Q	K	F	A	N	D	B	E	Ł	F	P
O	S	V	L	R	N	Ń	O	Ł	S	X	Ź	L	J	O	U
W	P	X	Ó	B	H	G	D	J	N	U	A	B	D	O	D
L	D	T	R	E	R	I	U	Y	O	A	P	Ł	A	M	U
B	C	Y	K	Z	M	P	T	R	R	T	Ł	Ą	W	Q	J
O	S	I	O	Ł	L	N	Q	U	M	G	H	D	P	B	N
L	I	T	H	H	J	N	V	F	F	U	G	O	L	A	H
I	L	O	V	K	N	F	S	F	N	H	D	I	P	T	A

WIELORYB
OSIOŁ
KOŃ
WIELBŁĄD
KANGUR
ZEBRA
KRÓLIK
KOJOT
DELFIN
SŁOŃ
KOT
GORYL
ŻYRAFA
WILK
MAŁPA
NIEDŹWIEDŹ
OWCE
PIES
BYK
LIS

99 - Abejas

O	P	B	S	Ć	Ś	O	N	W	Y	Ż	L	Ł	X	B	U
B	T	L	M	Ś	G	G	Q	T	O	W	A	D	L	R	T
H	A	O	P	O	G	R	J	K	Z	R	K	Q	E	W	W
O	D	J	R	N	U	Ó	Ł	J	D	S	U	P	C	N	J
U	E	L	V	D	Z	D	P	B	A	Ł	R	V	Ń	V	R
O	D	Y	C	O	W	O	J	I	P	M	F	Z	O	V	O
Q	Y	E	S	R	E	F	Z	Y	S	N	E	J	Ł	Z	Ś
A	M	L	S	O	I	V	F	S	M	I	Ó	D	S	A	L
W	O	G	Y	N	T	S	Y	Z	R	O	K	X	K	P	I
O	O	C	A	Ż	C	Q	S	C	R	G	V	X	R	Y	N
L	A	S	M	Ó	S	Ł	Q	F	V	Ó	W	W	Z	L	Y
Ó	L	M	K	R	Z	U	R	X	L	I	J	H	Y	A	Y
R	T	Q	E	O	J	A	L	M	A	C	H	J	D	C	W
K	H	E	Ł	K	W	I	A	T	Y	S	Y	W	Ł	Z	I
X	O	Z	Y	E	K	O	S	Y	S	T	E	M	A	Y	N
V	L	Q	P	K	W	I	T	N	Ą	Ć	Z	I	J	X	Ł

SKRZYDŁA
KORZYSTNY
WOSK
UL
ŻYWNOŚĆ
RÓŻNORODNOŚĆ
EKOSYSTEM
RÓJ
KWITNĄĆ
KWIATY
OWOC
DYM
OWAD
OGRÓD
MIÓD
ROŚLINY
PYŁEK
ZAPYLACZ
KRÓLOWA
SŁOŃCE

100 - Psicología

R	L	M	A	R	Z	E	N	I	A	A	J	K	K	O	P
O	Z	Z	A	C	H	O	W	A	N	I	E	O	L	S	O
Y	H	E	E	N	T	P	N	T	E	W	M	N	I	O	S
M	E	J	C	O	M	E	O	H	C	H	P	F	N	B	T
O	Y	Ł	M	Z	B	H	X	Z	O	Q	M	L	I	O	R
D	G	D	O	N	Y	Ł	Y	V	N	D	U	I	C	W	Z
A	Z	E	F	H	E	W	G	Y	G	A	I	K	Z	O	E
I	I	I	M	I	C	T	I	Ł	Y	D	N	T	N	Ś	G
W	C	N	E	G	V	G	U	S	Q	M	O	I	Y	Ć	A
Ś	Q	O	L	C	B	P	N	Y	T	R	A	I	E	Q	N
D	N	S	B	Q	I	D	V	M	V	O	I	L	I	Y	I
O	O	T	O	Y	P	Ń	K	O	B	P	Ś	C	C	D	E
P	H	Ł	R	E	G	O	S	P	L	N	A	Ć	U	M	I
Q	R	T	P	Z	N	S	V	T	D	T	E	A	Z	I	C
S	P	O	T	K	A	N	I	E	W	O	C	Q	C	O	Z
M	Y	Ś	L	I	T	U	T	C	V	O	D	V	U	B	C

SPOTKANIE
KLINICZNY
POZNANIE
ZACHOWANIE
KONFLIKT
EGO
EMOCJE
OCENA
POMYSŁY
DZIECIŃSTWO
MYŚLI
POSTRZEGANIE
OSOBOWOŚĆ
PROBLEM
RZECZYWISTOŚĆ
UCZUCIE
PODŚWIADOMY
MARZENIA

1 - Arqueología

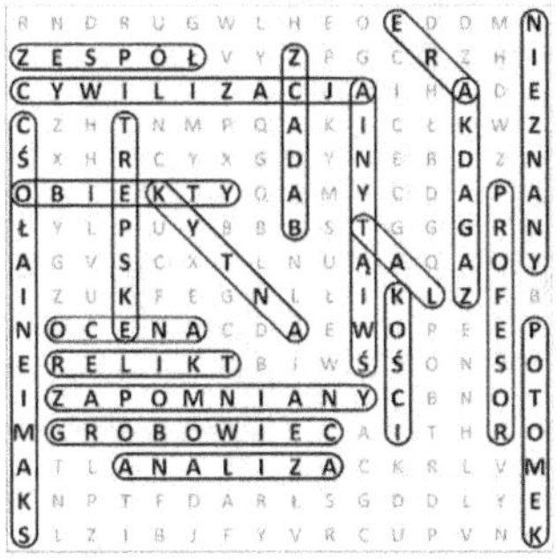

2 - Granja #2

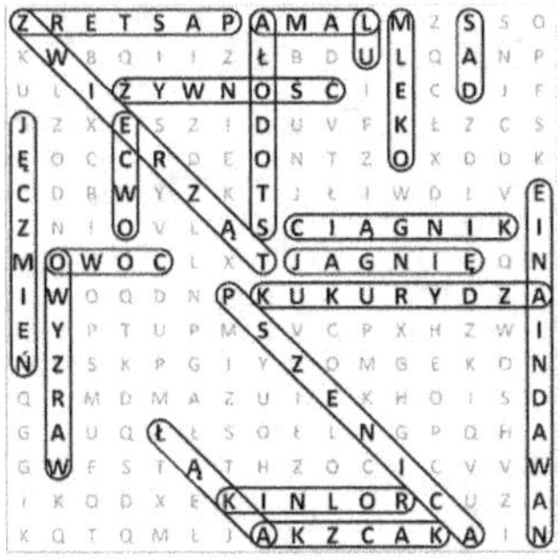

3 - La Empresa

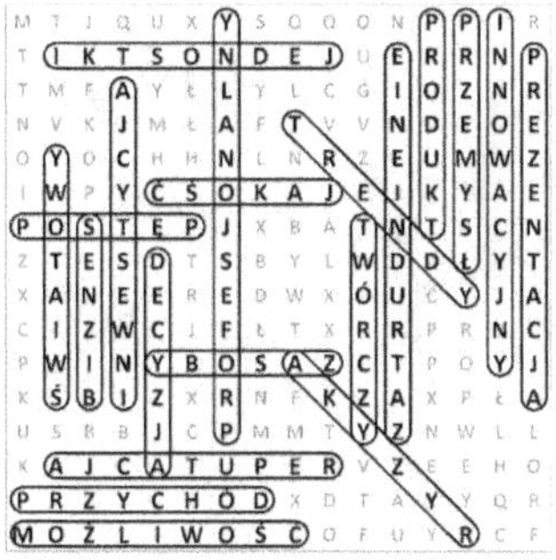

4 - Aviones

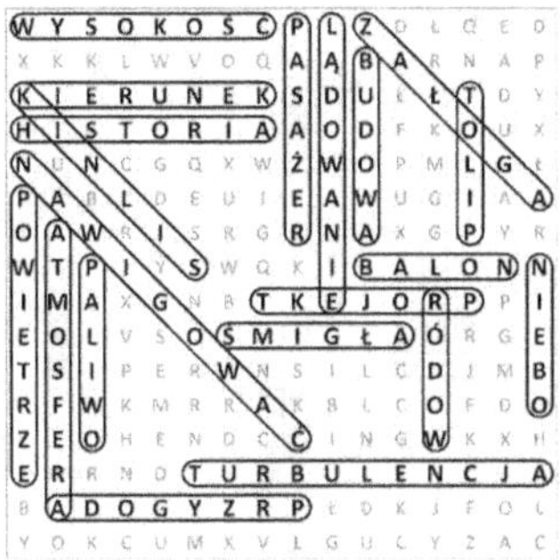

5 - Tipos de Cabello

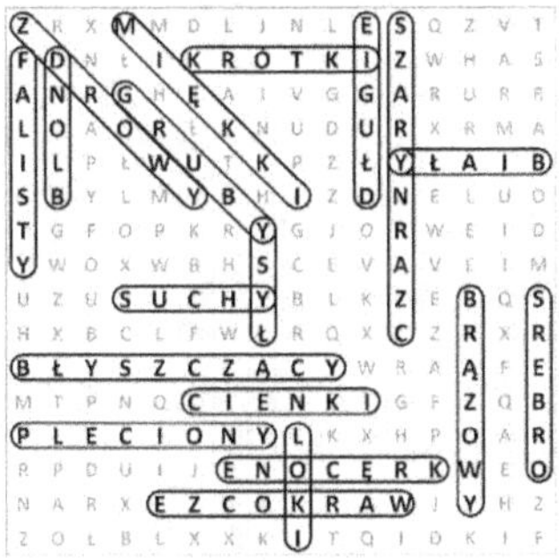

6 - Ciencia Ficción

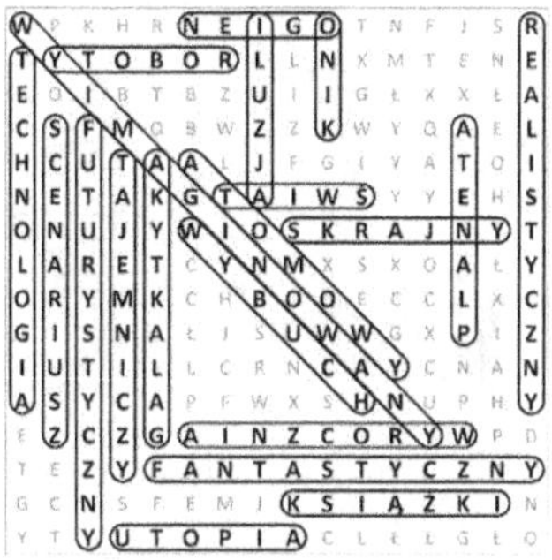

7 - Granja #1

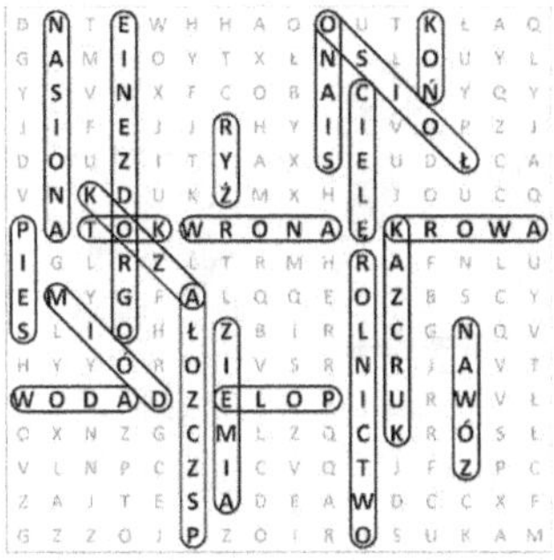

8 - Camping

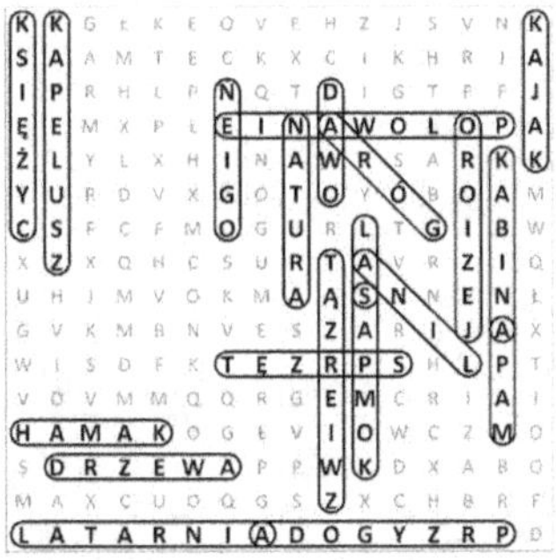

9 - Fruta

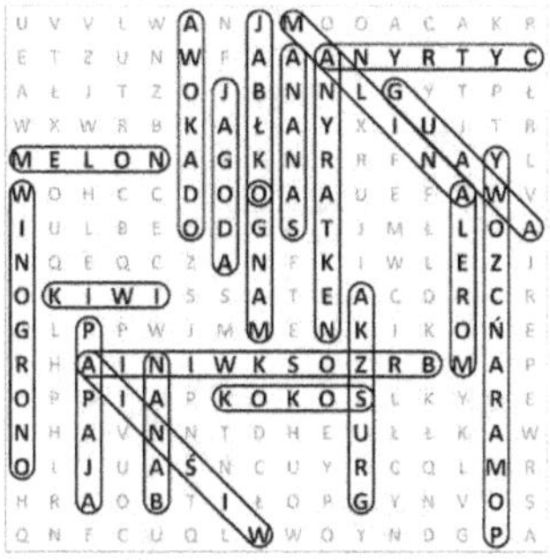

10 - Geología

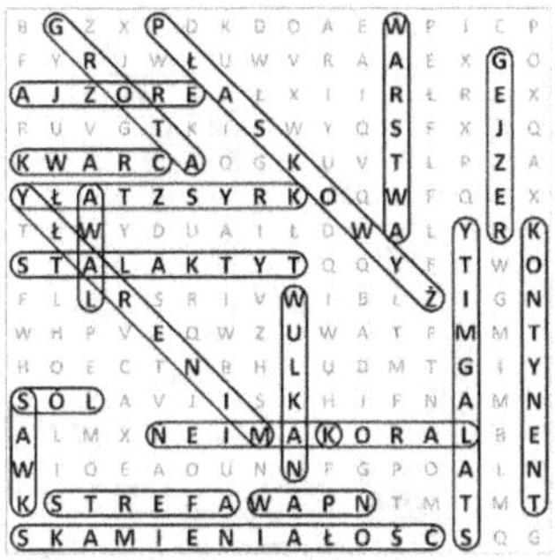

11 - Álgebra

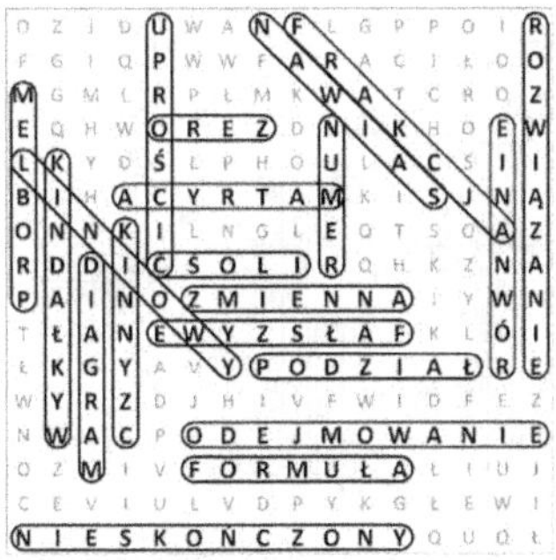

12 - Plantas

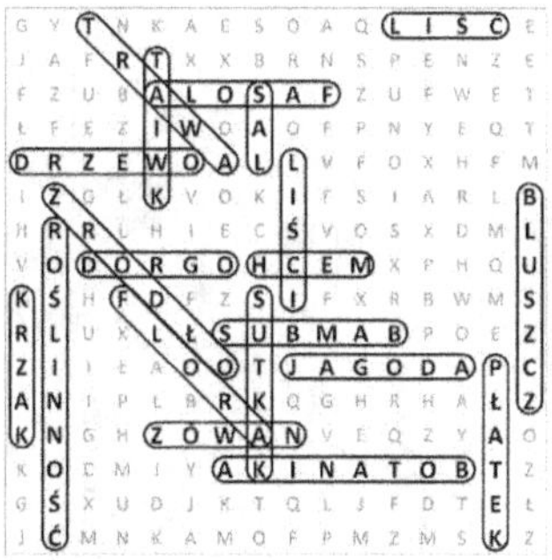

13 - Suministros de Arte

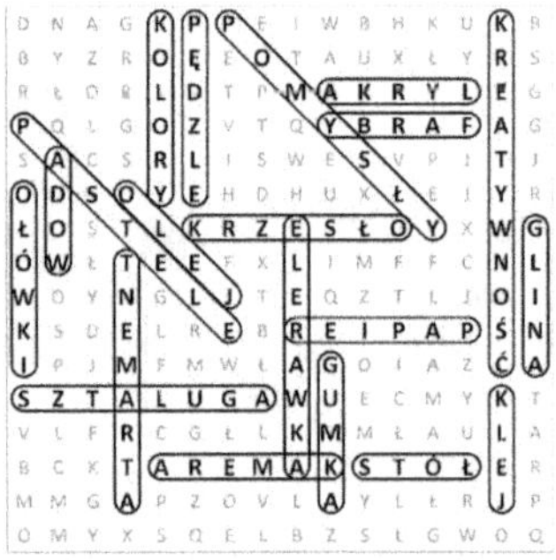

14 - Negocio

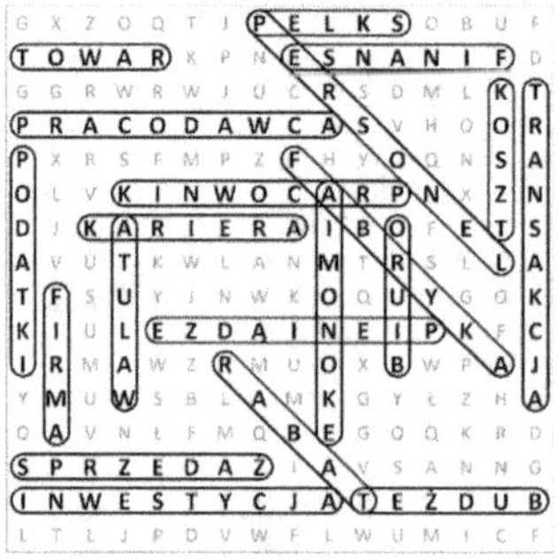

15 - Jardín

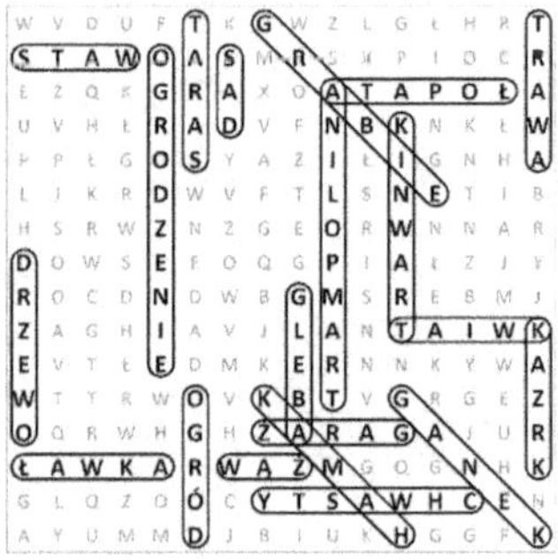

16 - Países #2

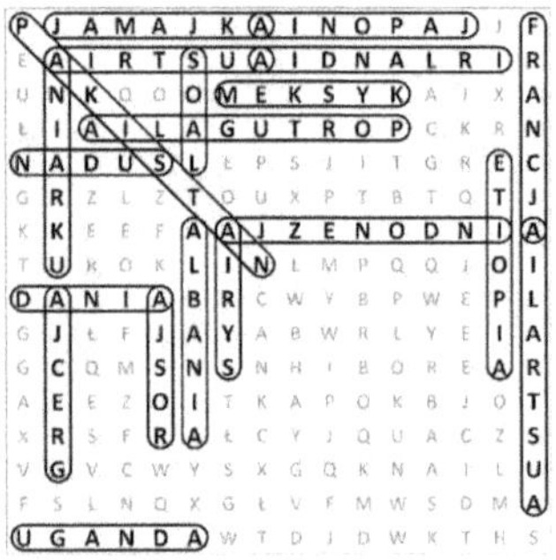

17 - Números

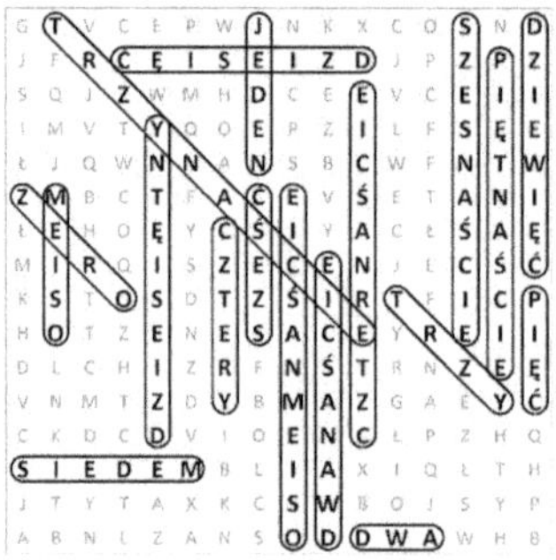

18 - Física

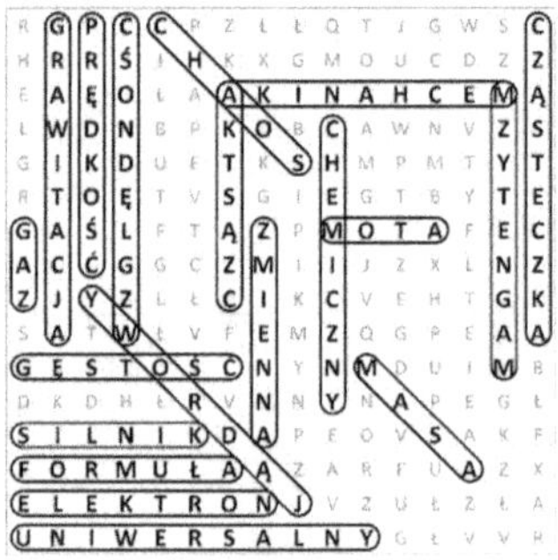

19 - Belleza

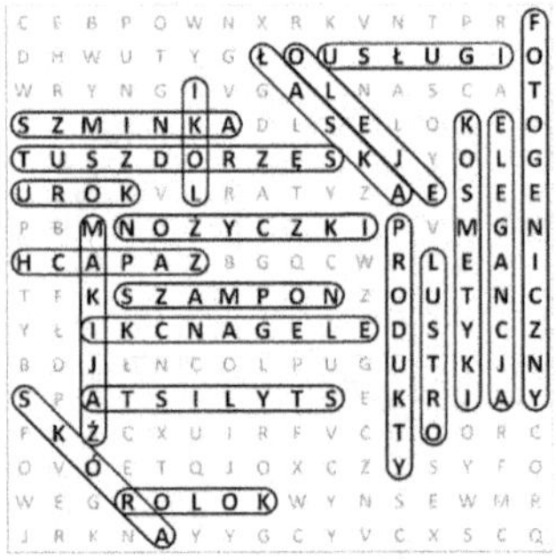

20 - Países #1

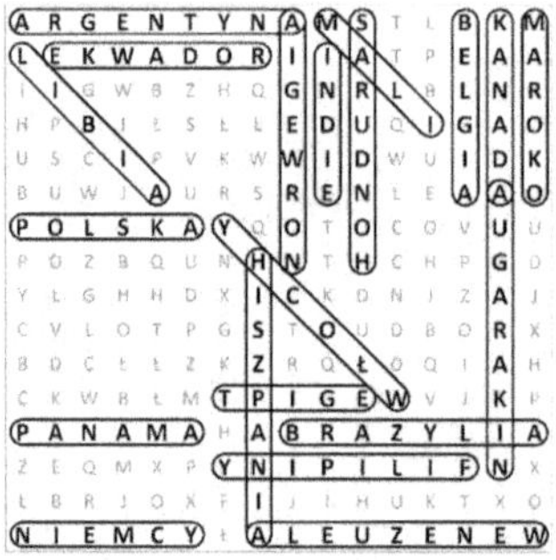

21 - Mitología

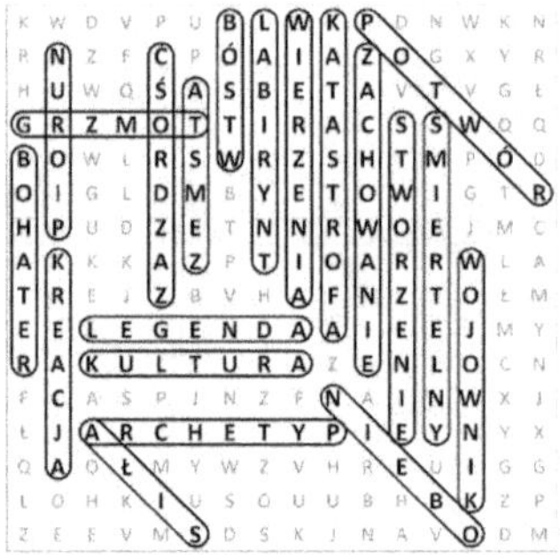

22 - Ecología

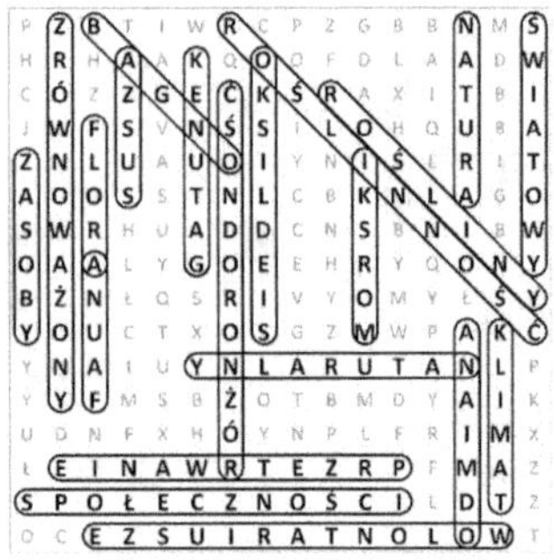

23 - Casa

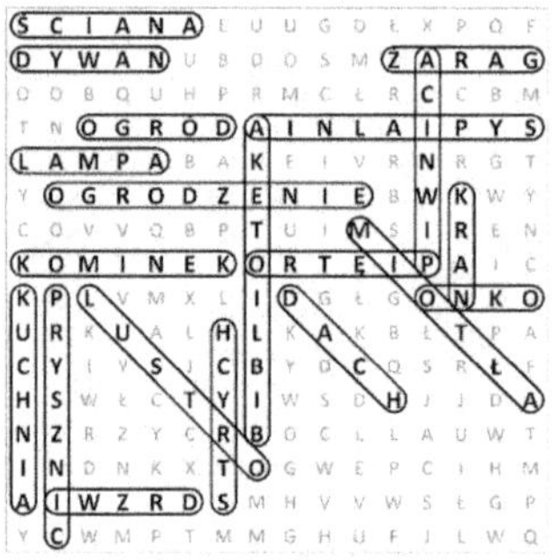

24 - Salud y Bienestar #2

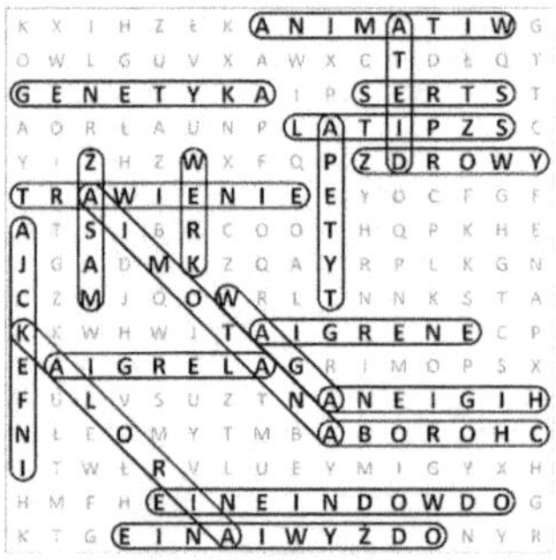

25 - Adjetivos #1

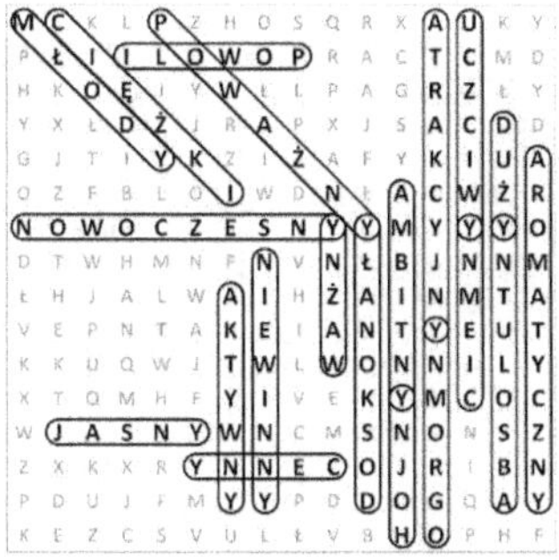

26 - Familia

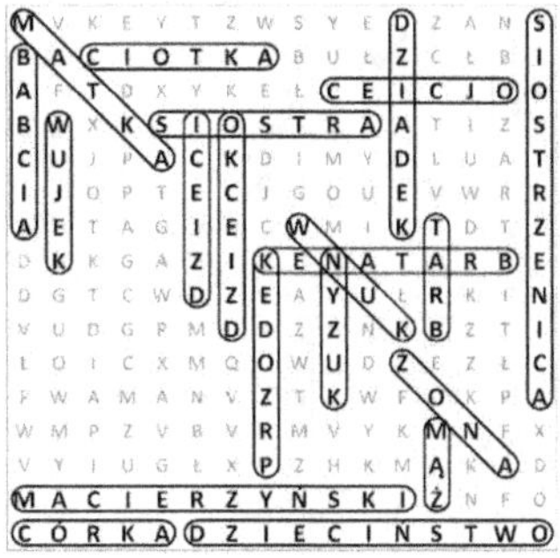

27 - Disciplinas Científicas

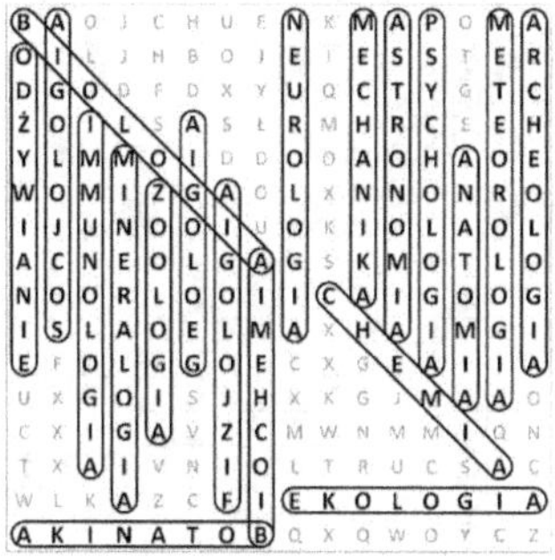

28 - Cocina

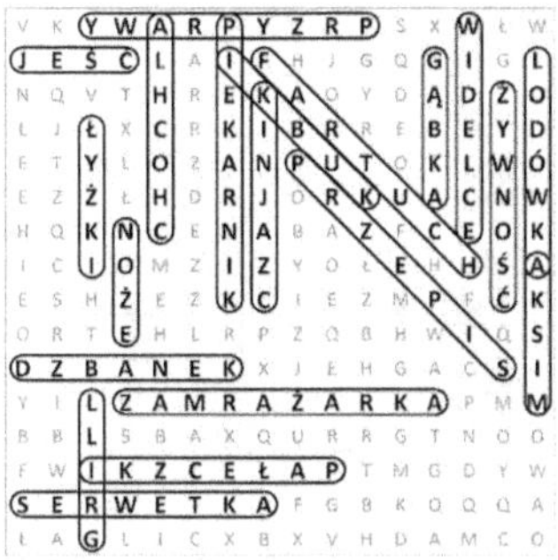

29 - Moda

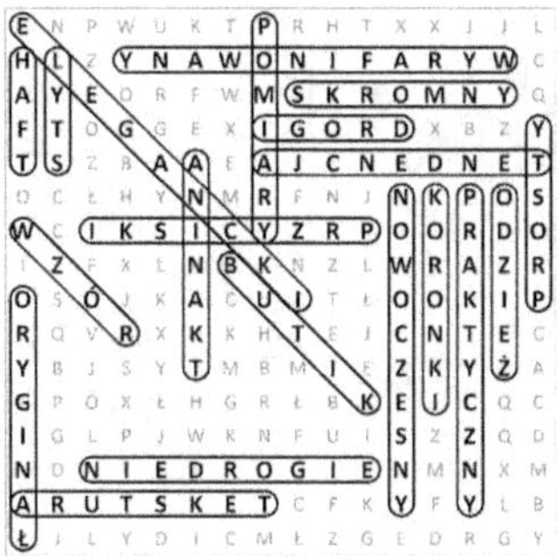

30 - Electricidad

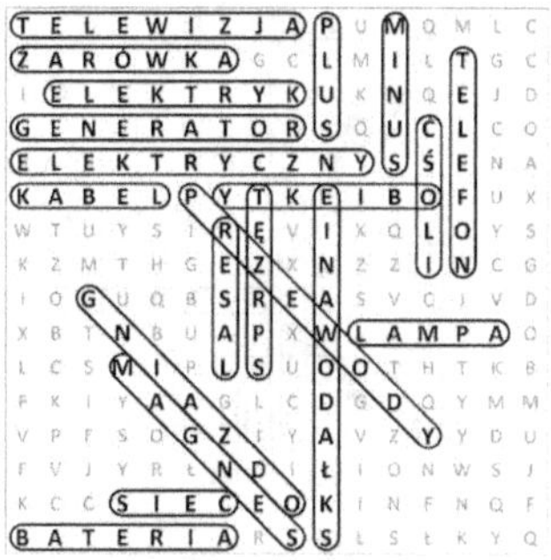

31 - Salud y Bienestar #1

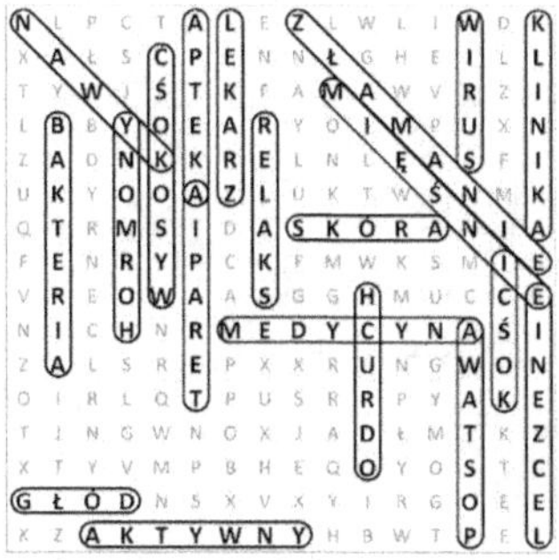

32 - Adjetivos #2

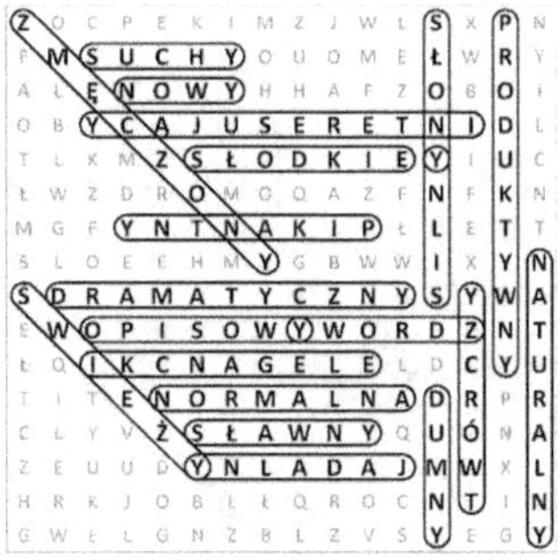

33 - Cuerpo Humano

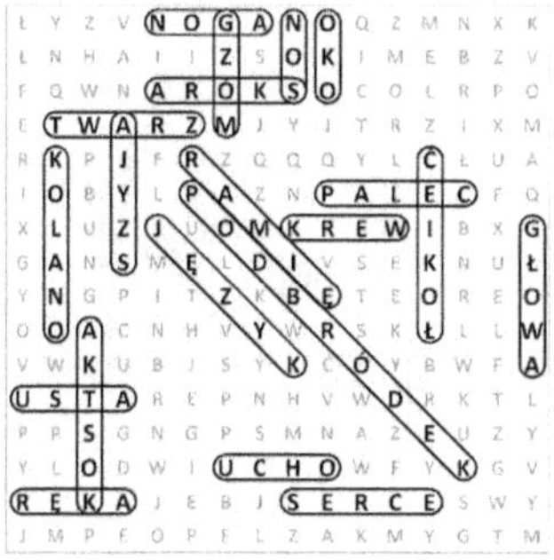

34 - Calentamiento Gl

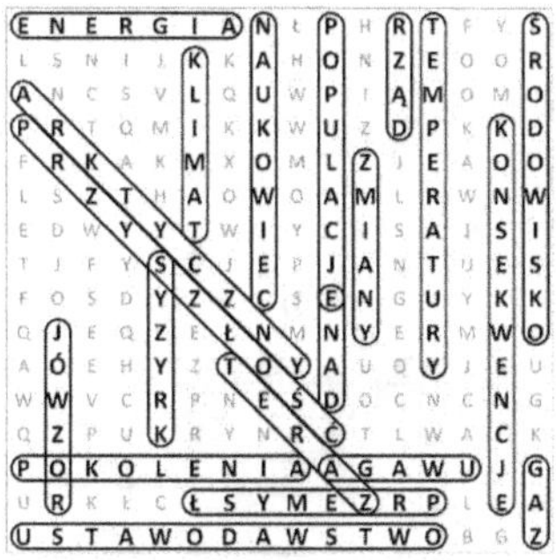

35 - Ciencia

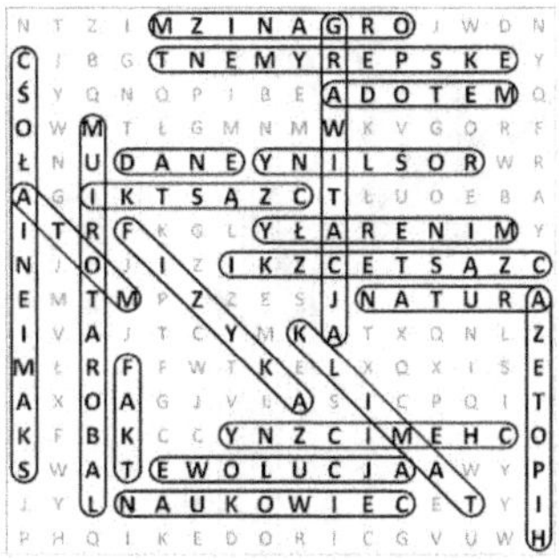

36 - Restaurante #2

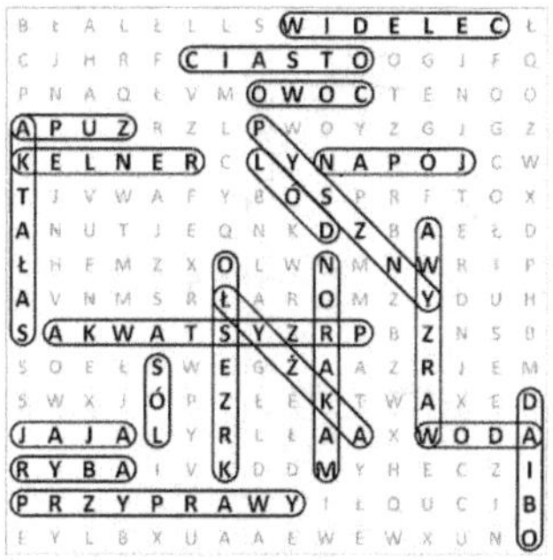

37 - Profesiones #1

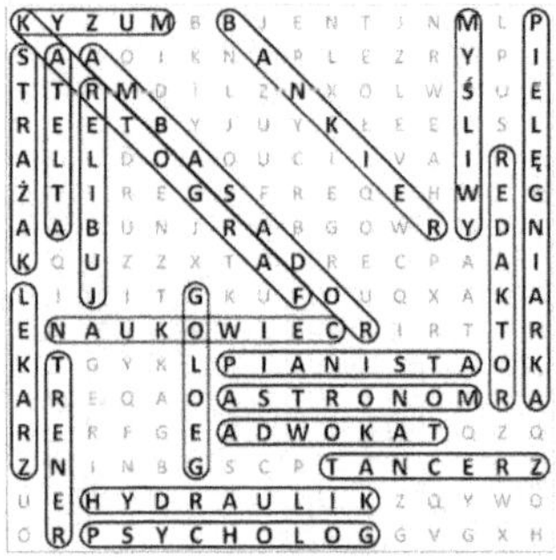

38 - Vehículos

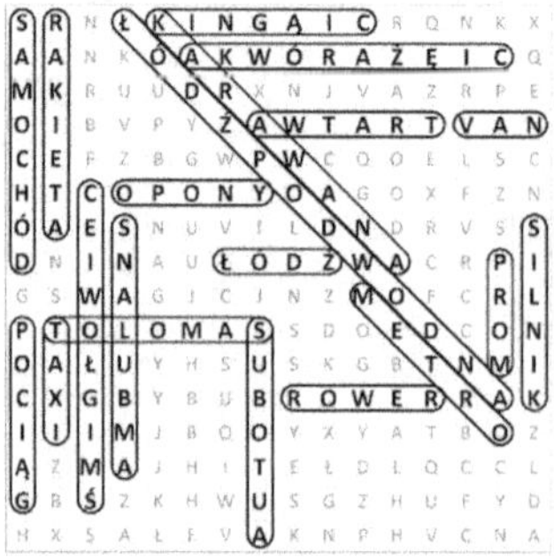

39 - Geometría

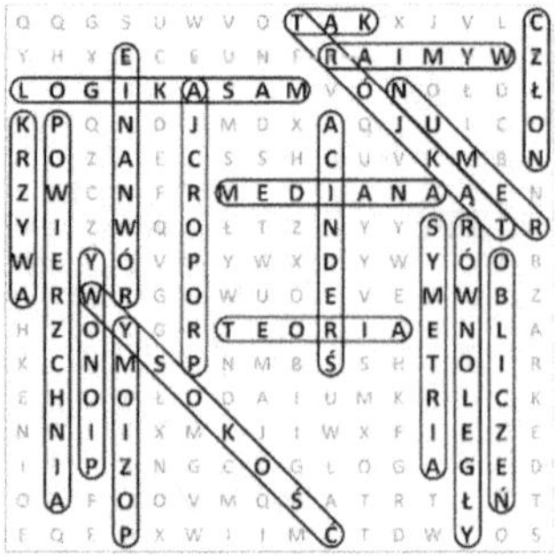

40 - Vacaciones #2

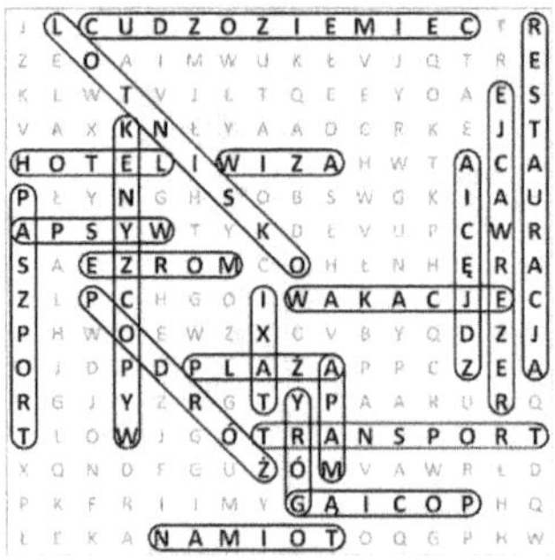

41 - Baile

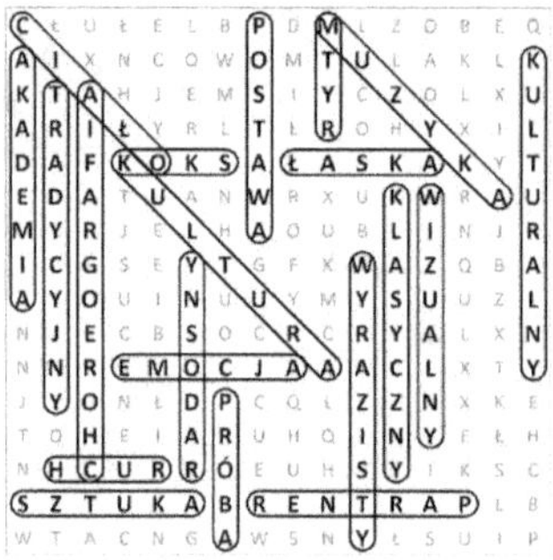

42 - Matemáticas

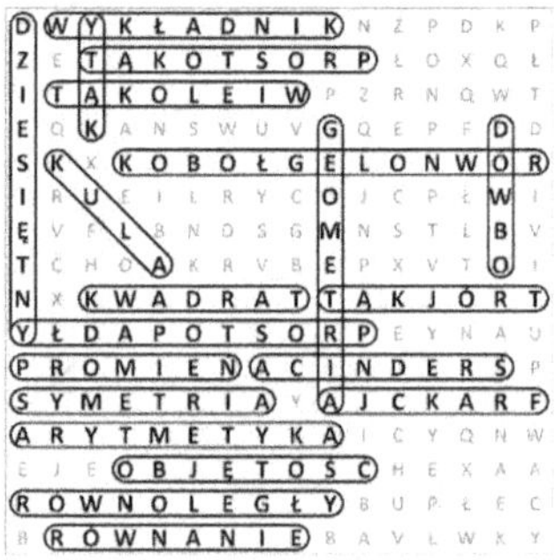

43 - Restaurante #1

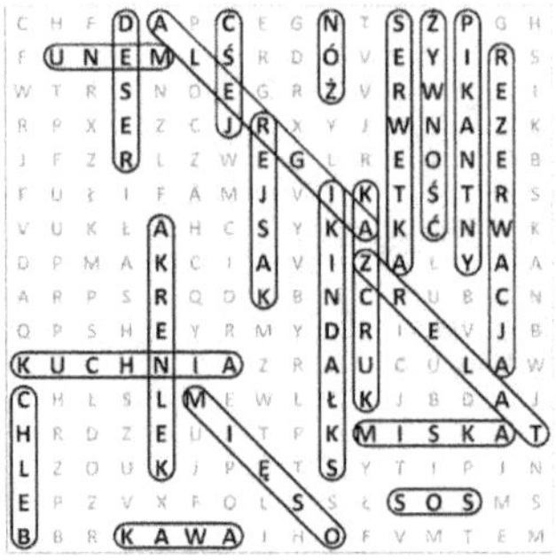

44 - Profesiones #2

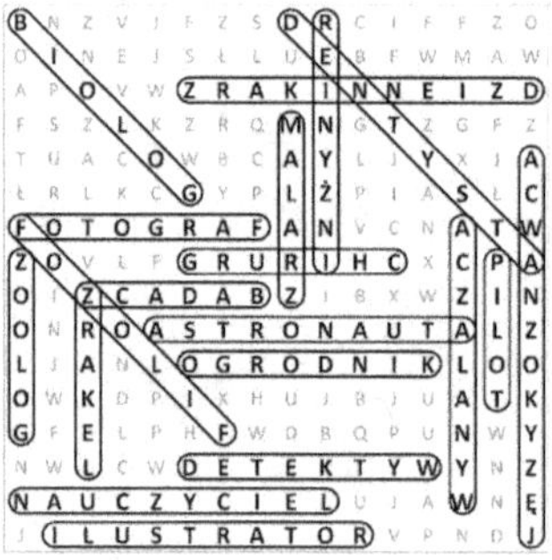

45 - Senderismo

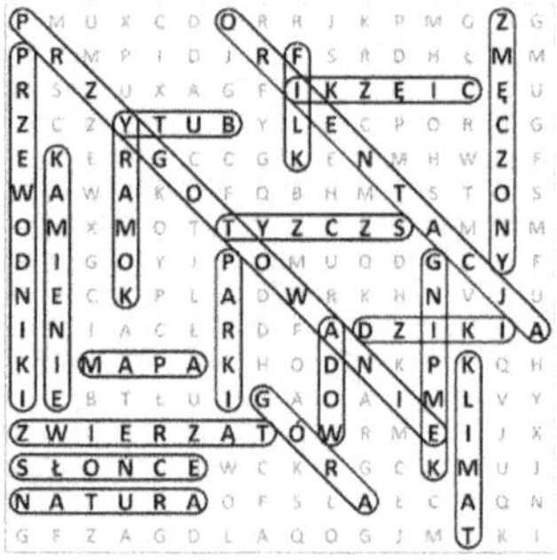

46 - Naturaleza

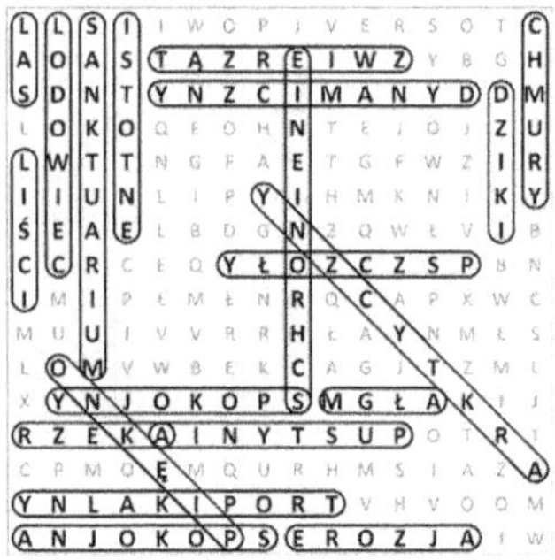

47 - Conduciendo

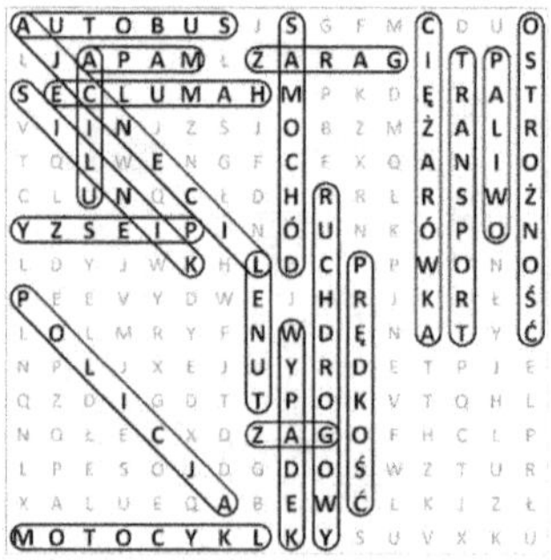

48 - Ballet

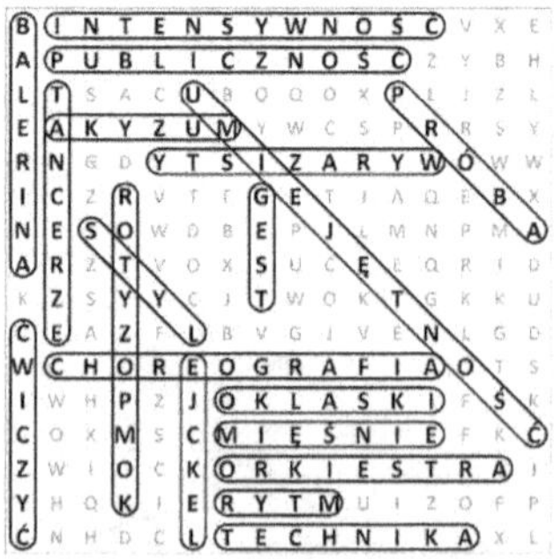

49 - Fuerza y Gravedad

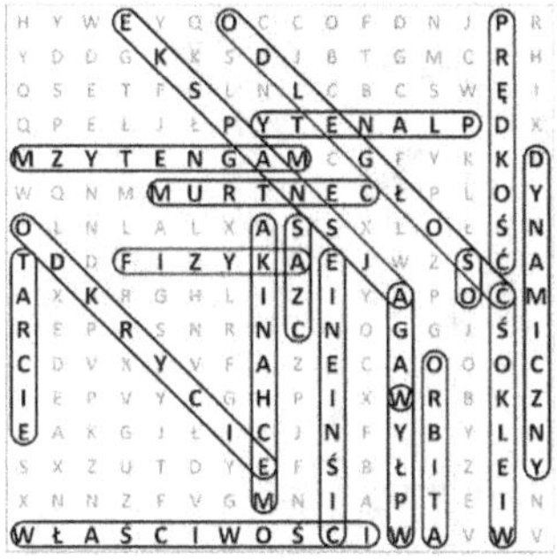

50 - Pájaros

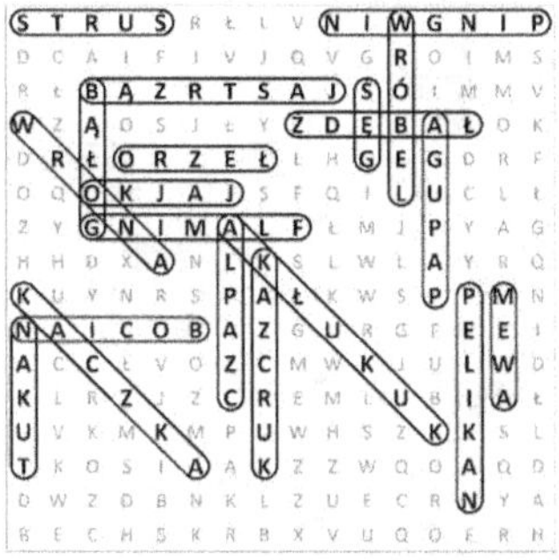

51 - Geografía

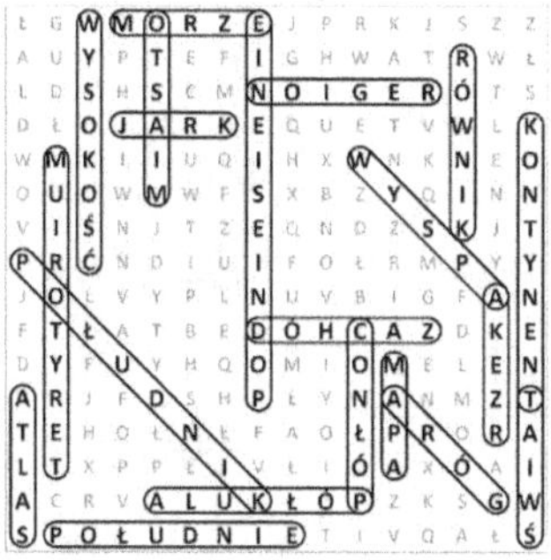

52 - Música

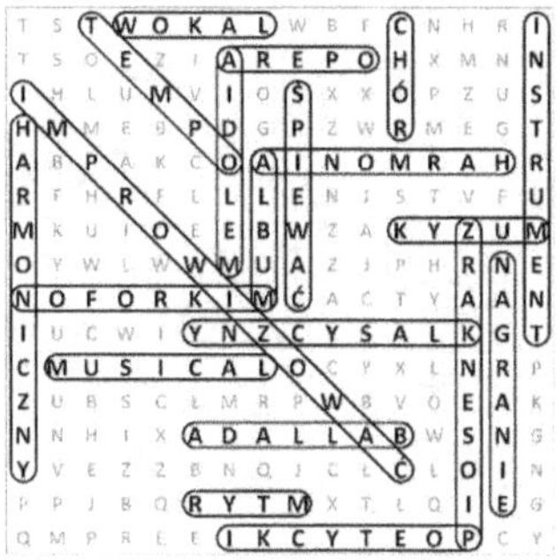

53 - Enfermedad

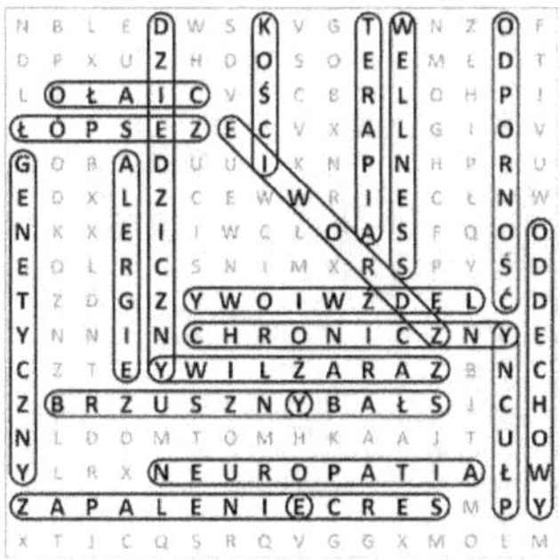

54 - Actividades

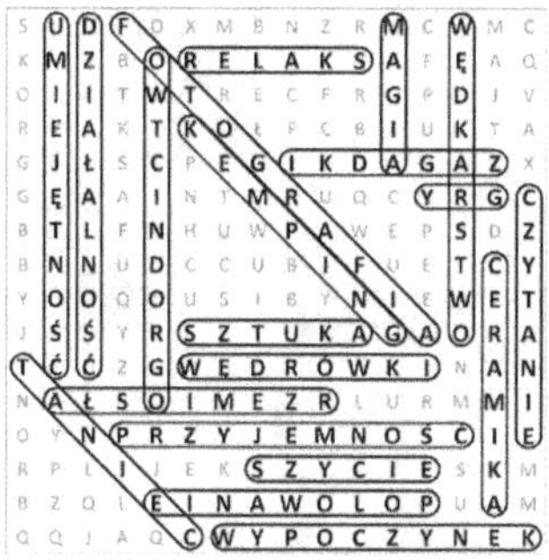

55 - Verduras

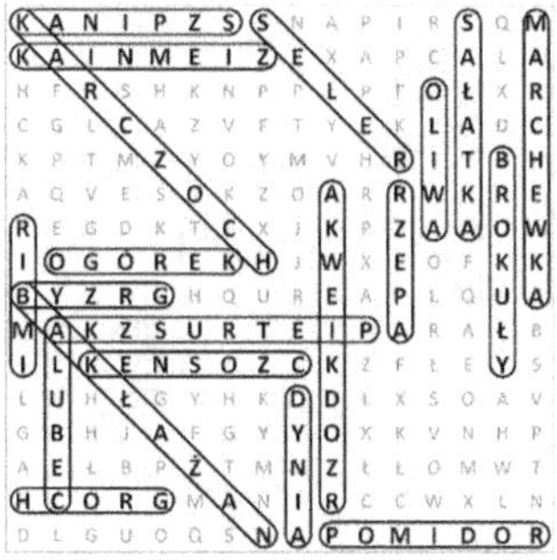

56 - Instrumentos Musicales

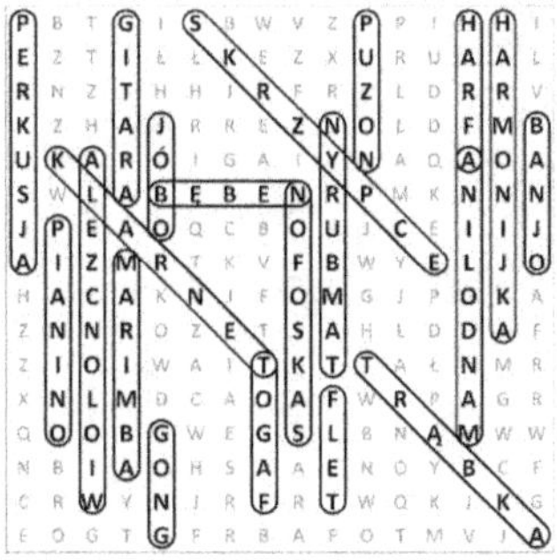

57 - Formas

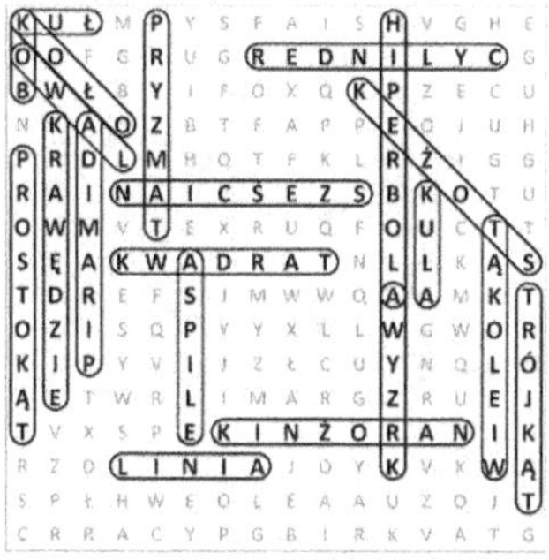

58 - Flores

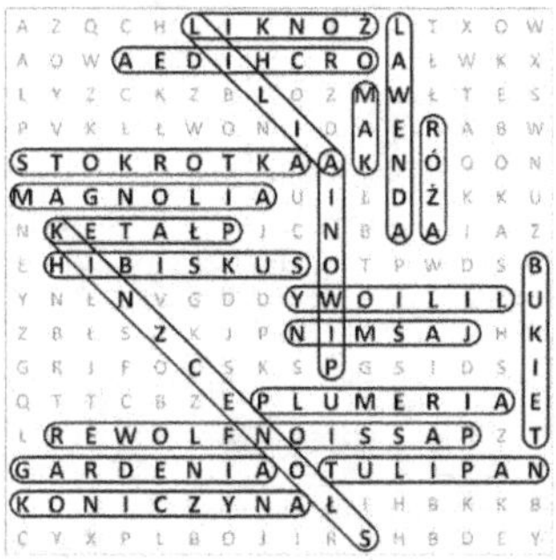

59 - Astronomía

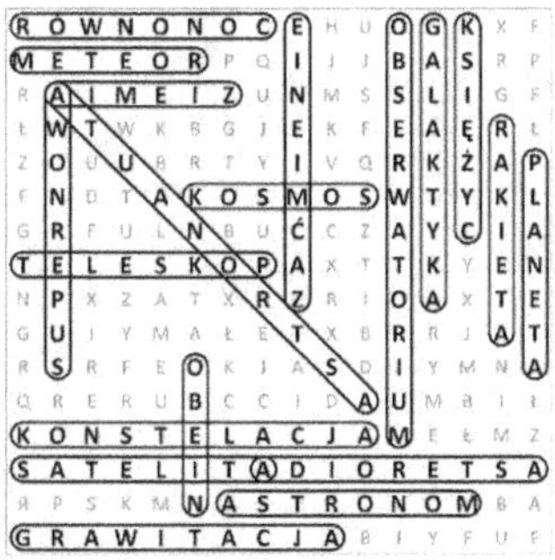

60 - Tiempo

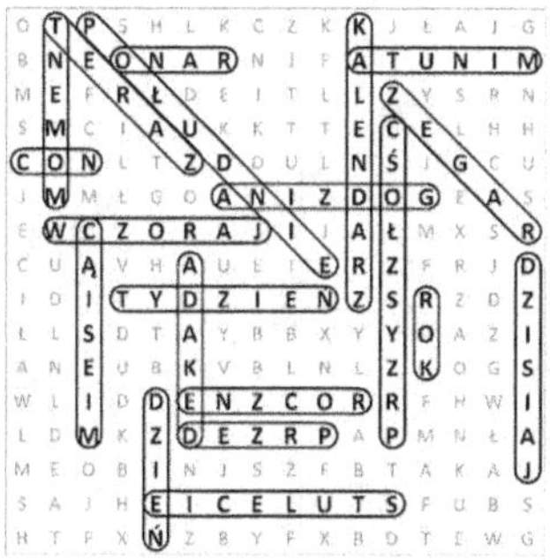

61 - Paisajes

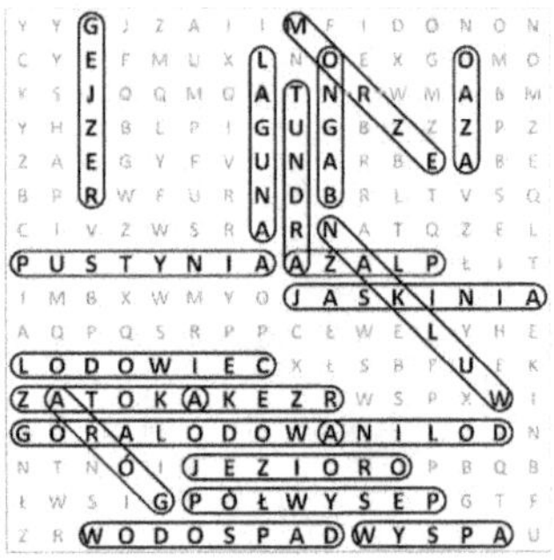

62 - Días y Meses

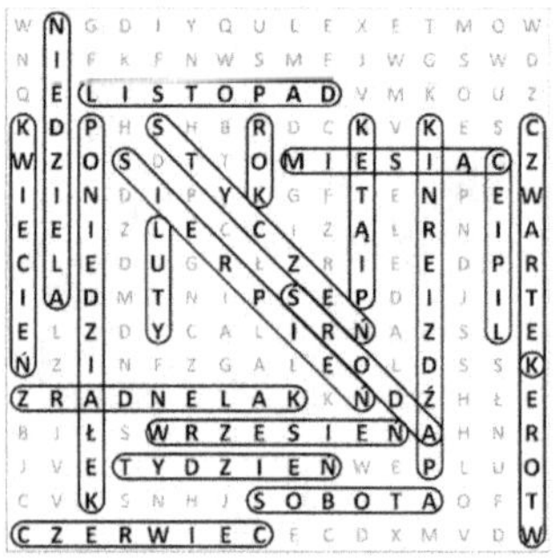

63 - Biología

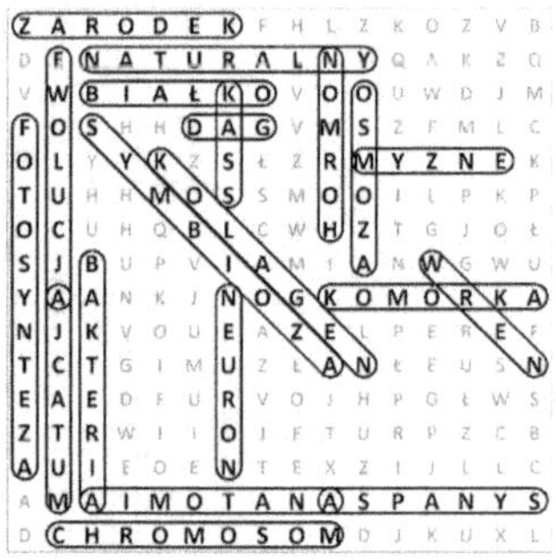

64 - Jardinería

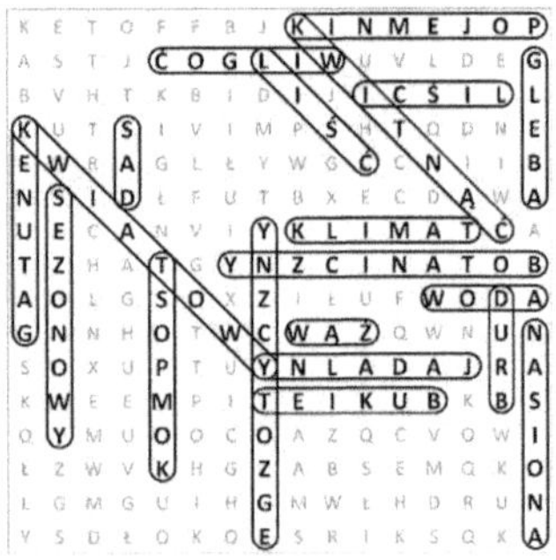

65 - Barbacoas

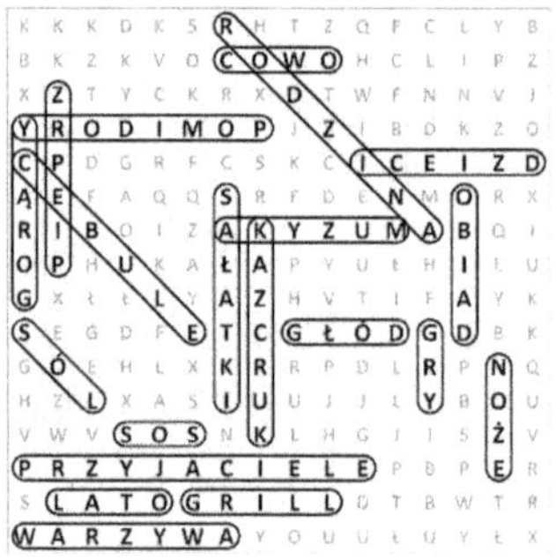

66 - Ropa

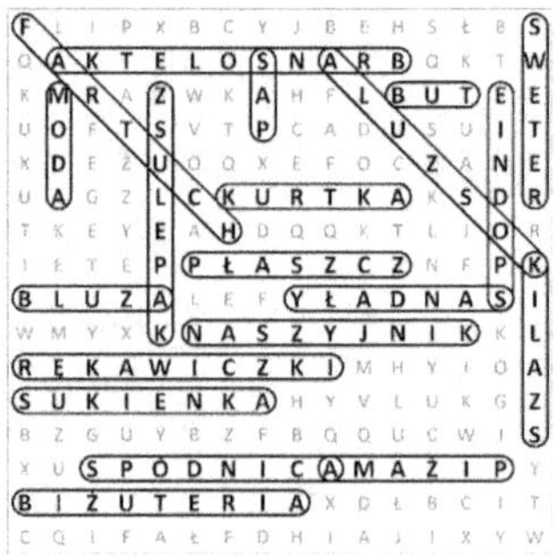

67 - Meditación

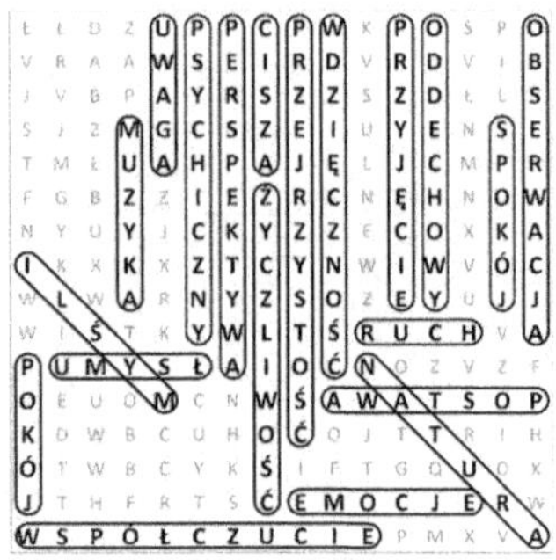

68 - Café

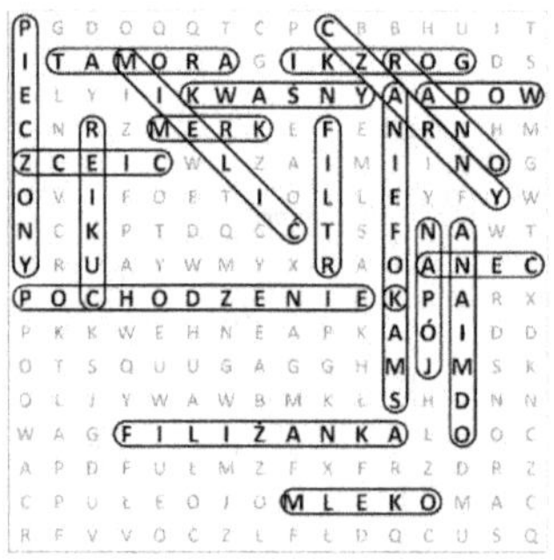

69 - Libros

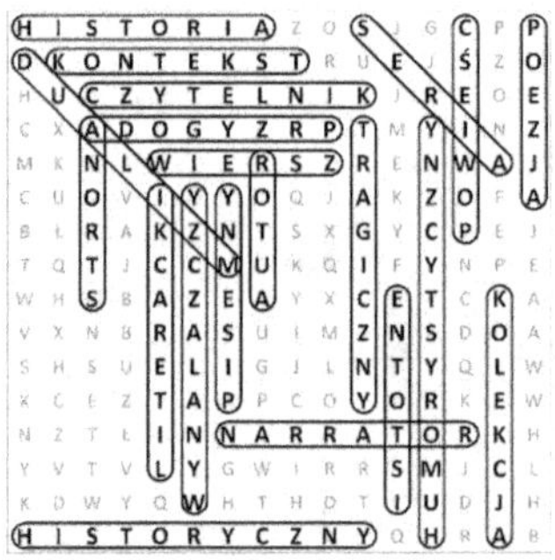

70 - Los Medios de Comunicación

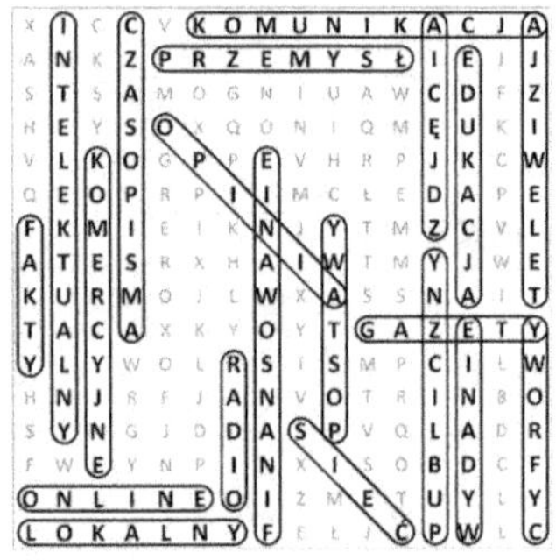

71 - Nutrición

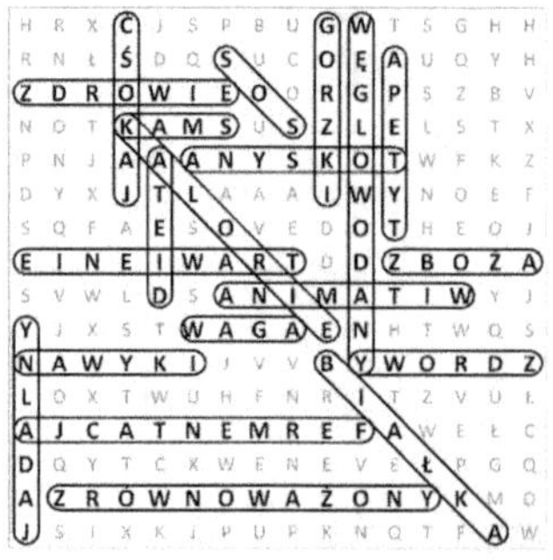

72 - Edificios

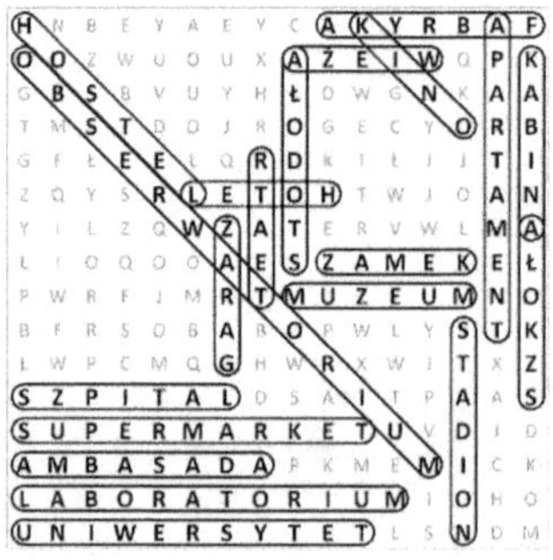

73 - Océano

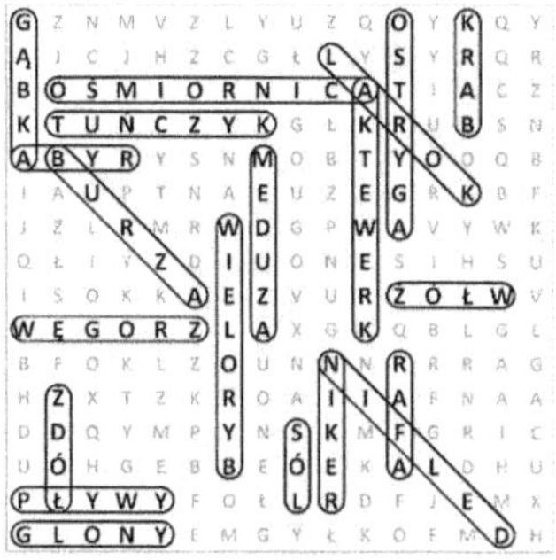

74 - Ciudad

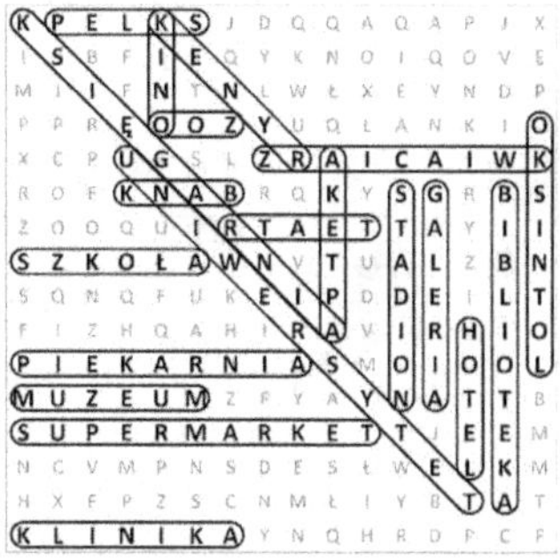

75 - Agronomía

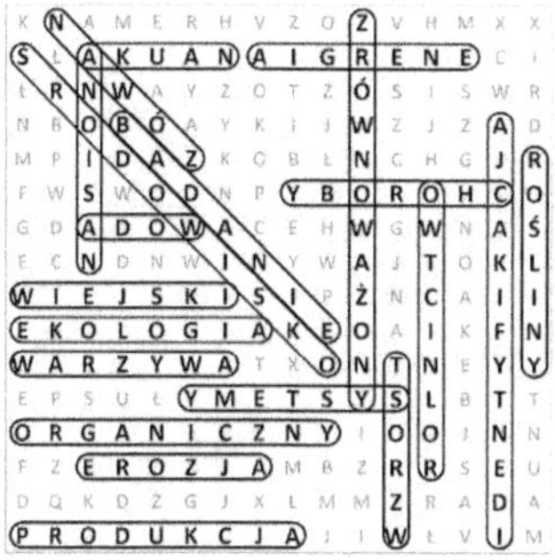

76 - Deporte

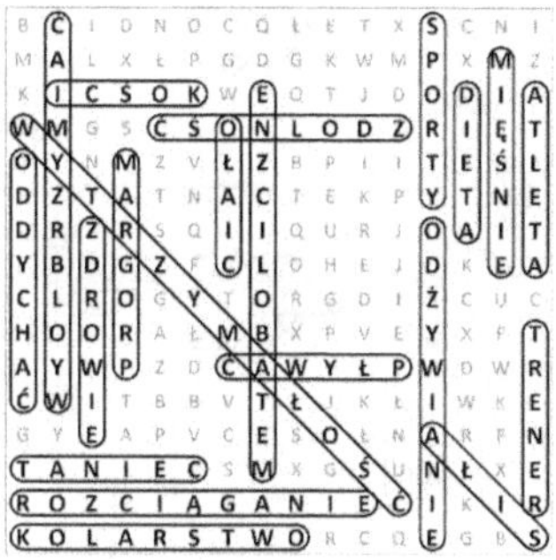

77 - Actividades y Ocio

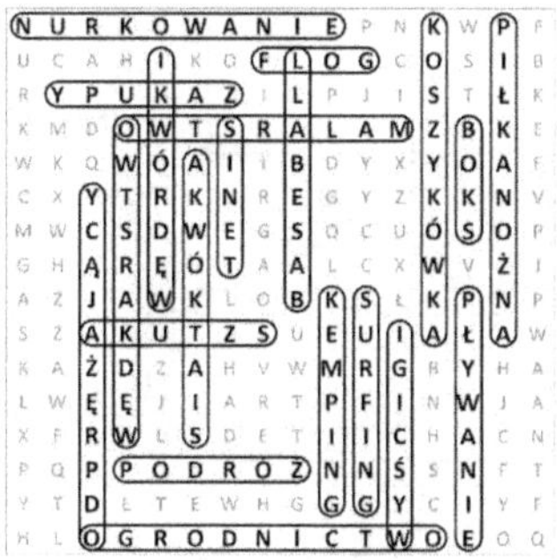

78 - Ingeniería

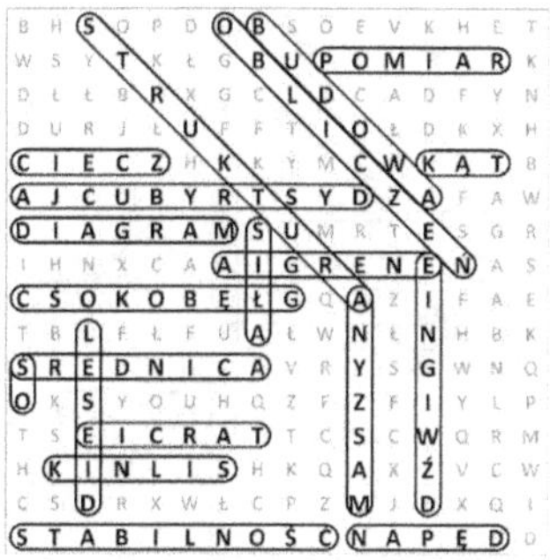

79 - Comida #1

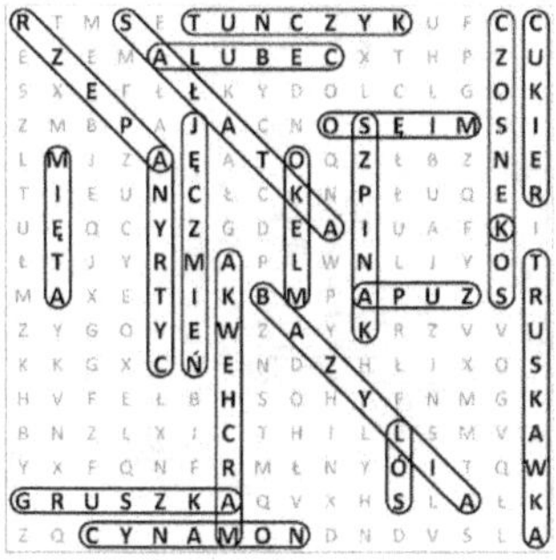

80 - Antigüedades

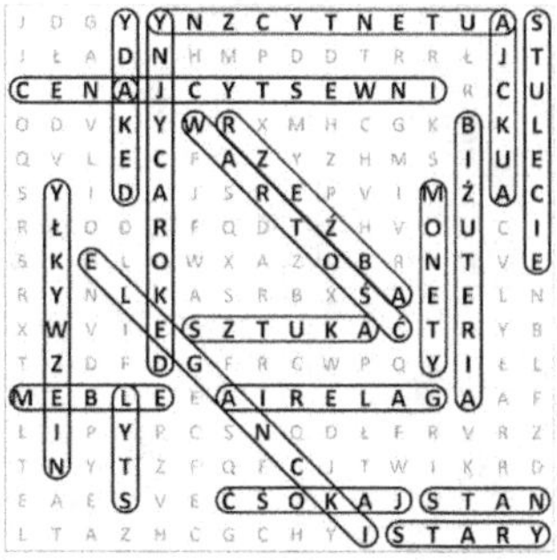

81 - Literatura

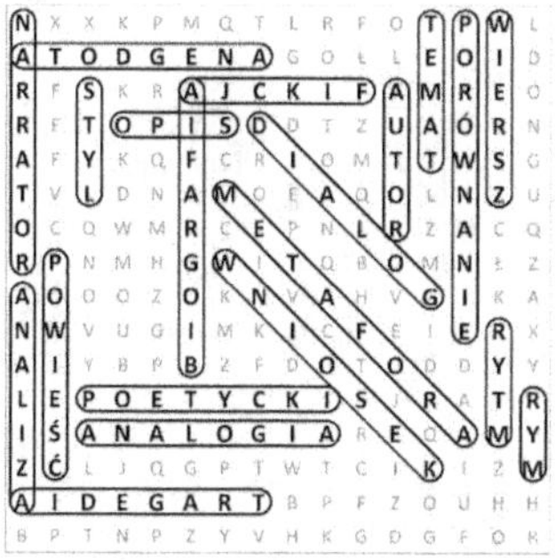

82 - Química

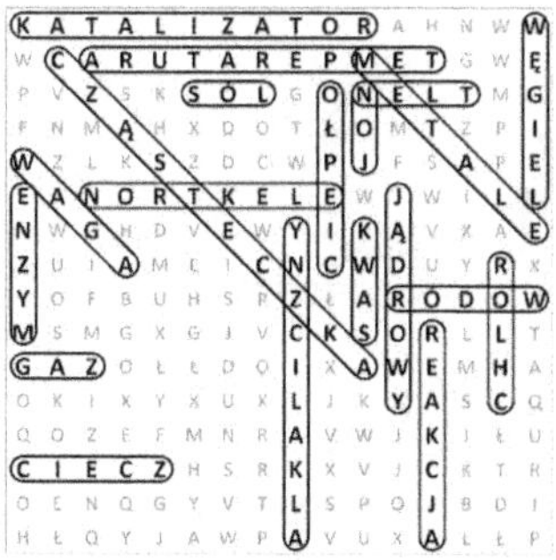

83 - Gobierno

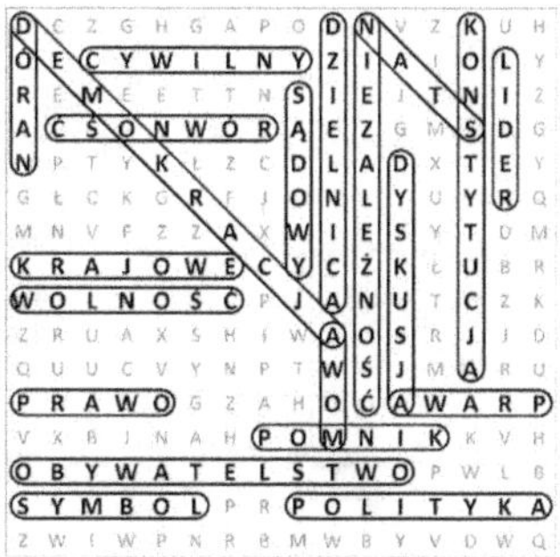

84 - Creatividad

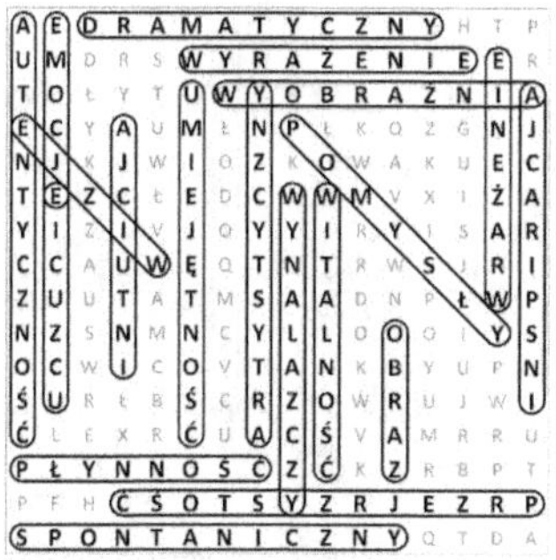

85 - Filantropía

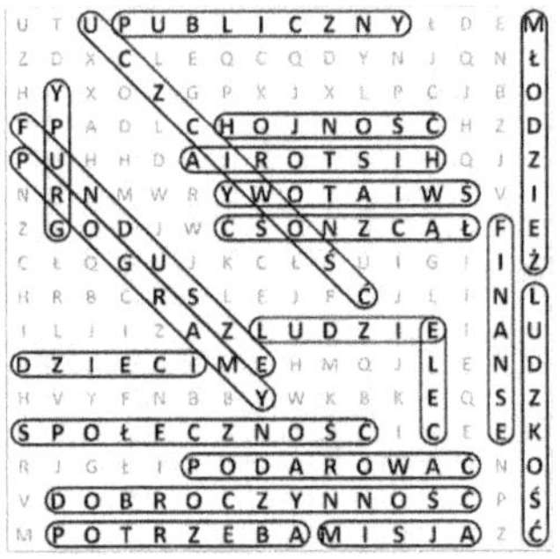

86 - Clima

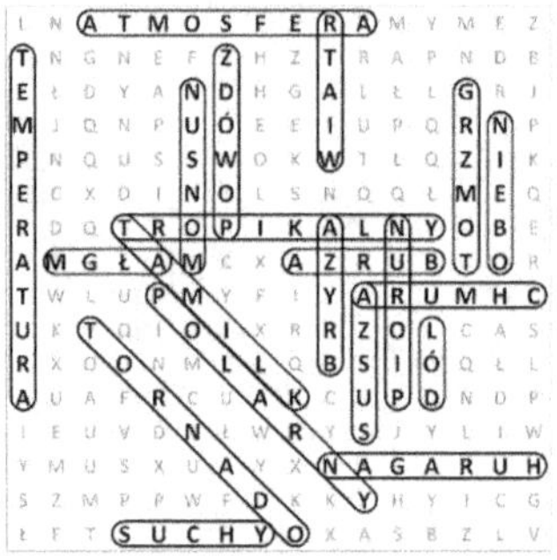

87 - Comida #2

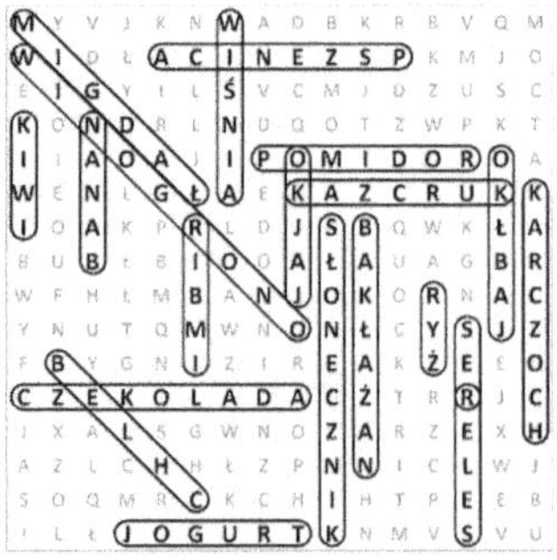

88 - Diplomacia

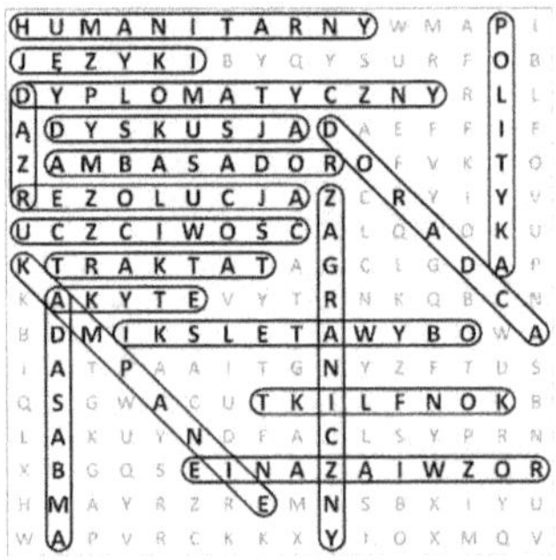

89 - Herboristería

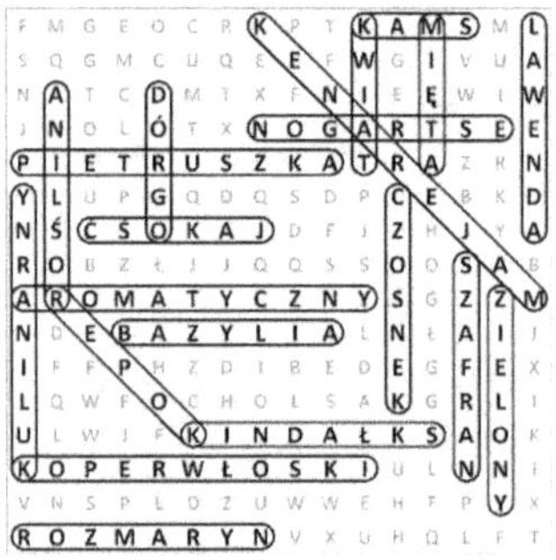

90 - Energía

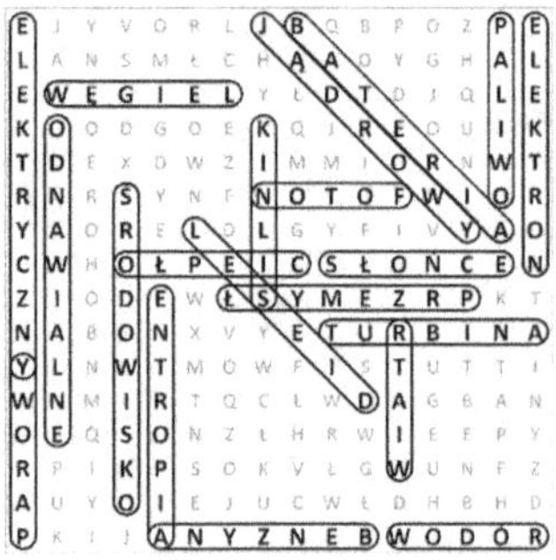

91 - Insectos

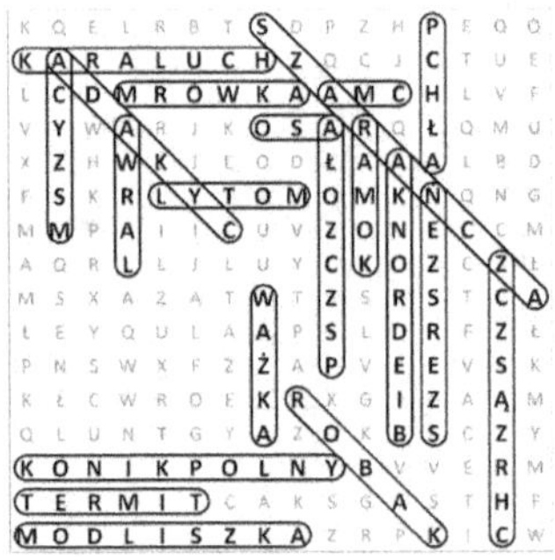

92 - Especias

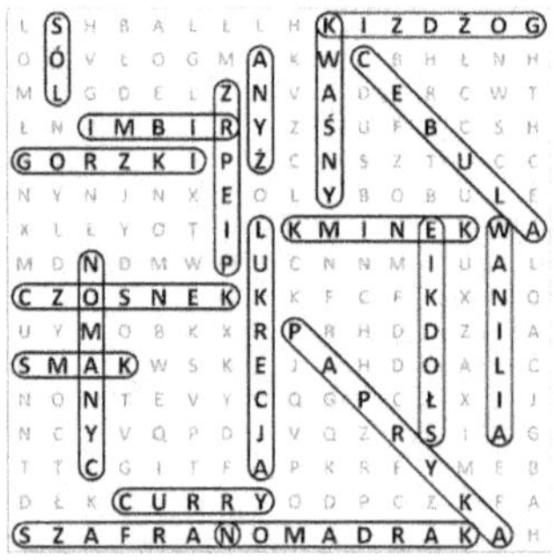

93 - Universo

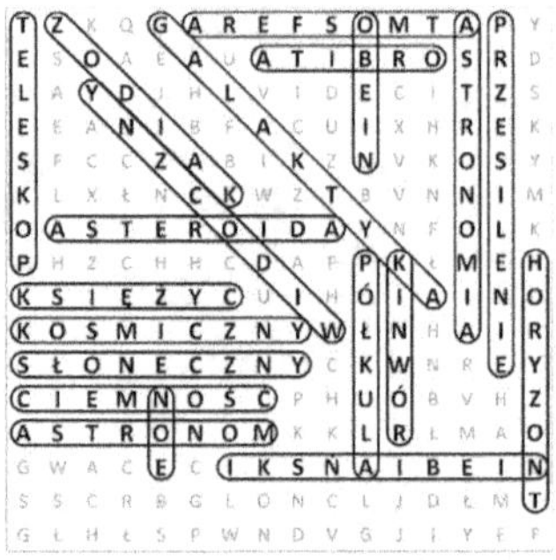

94 - Jazz

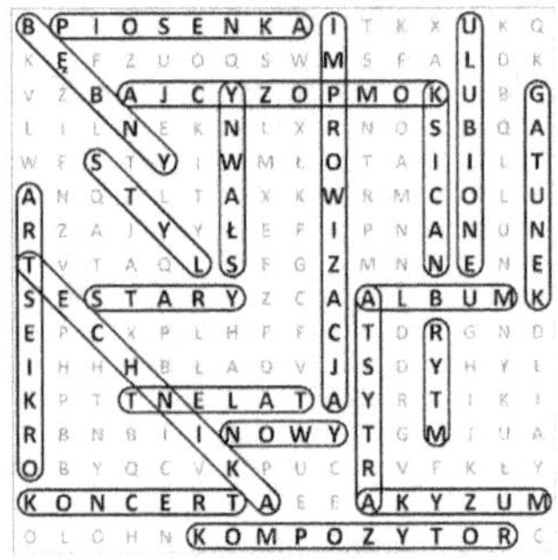

95 - Mediciones

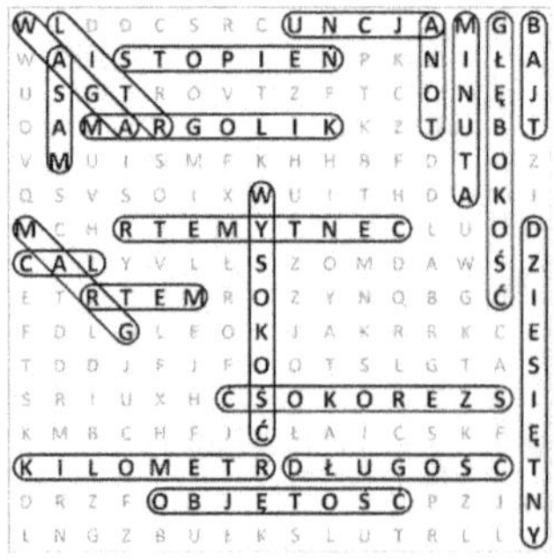

96 - Barcos

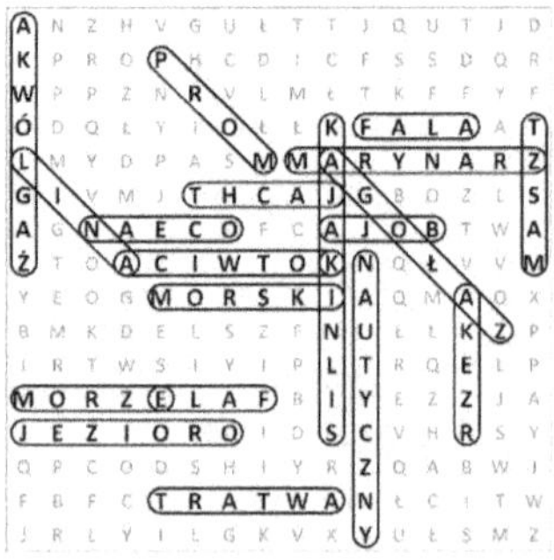

97 - Antártida

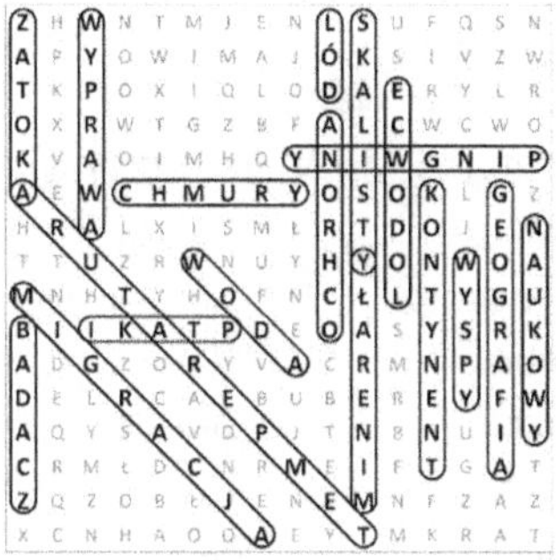

98 - Mamíferos

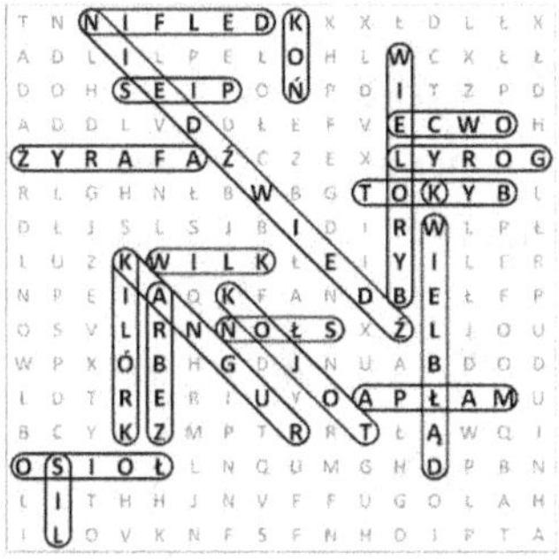

99 - Abejas

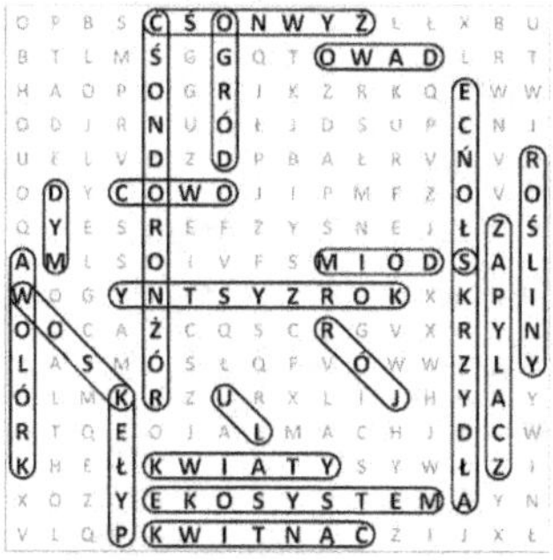

100 - Psicología

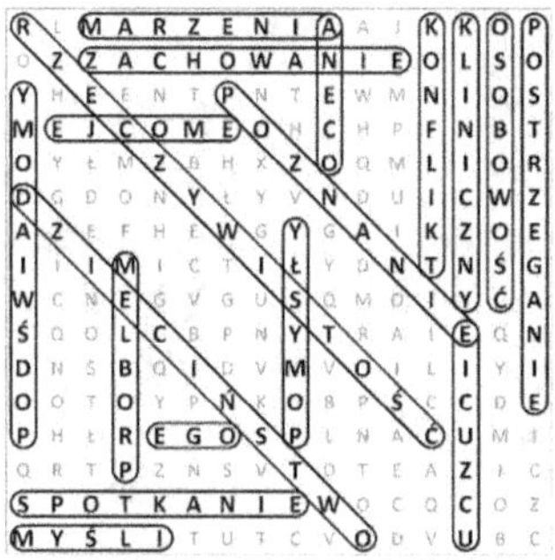

Diccionario

Abejas
Pszczoły

Alas	Skrzydła
Beneficioso	Korzystny
Cera	Wosk
Colmena	Ul
Comida	Żywność
Diversidad	Różnorodność
Ecosistema	Ekosystem
Enjambre	Rój
Flor	Kwitnąć
Flores	Kwiaty
Fruta	Owoc
Humo	Dym
Insecto	Owad
Jardín	Ogród
Miel	Miód
Plantas	Rośliny
Polen	Pyłek
Polinizador	Zapylacz
Reina	Królowa
Sol	Słońce

Actividades
Działalność

Actividad	Działalność
Arte	Sztuka
Artesanía	Rzemiosła
Baile	Taniec
Camping	Kemping
Caza	Polowanie
Cerámica	Ceramika
Costura	Szycie
Fotografía	Fotografia
Habilidad	Umiejętność
Jardinería	Ogrodnictwo
Juegos	Gry
Lectura	Czytanie
Magia	Magia
Ocio	Wypoczynek
Pesca	Wędkarstwo
Placer	Przyjemność
Relajación	Relaks
Rompecabezas	Zagadki
Senderismo	Wędrówki

Actividades y Ocio
Aktywność i Wypoczynek

Arte	Sztuka
Baloncesto	Koszykówka
Béisbol	Baseball
Boxeo	Boks
Buceo	Nurkowanie
Camping	Kemping
Carreras	Wyścigi
Compras	Zakupy
Fútbol	Piłka Nożna
Golf	Golf
Jardinería	Ogrodnictwo
Natación	Pływanie
Pesca	Wędkarstwo
Pintura	Malarstwo
Relajante	Odprężający
Senderismo	Wędrówki
Surf	Surfing
Tenis	Tenis
Viaje	Podróż
Voleibol	Siatkówka

Adjetivos #1
Przymiotniki # 1

Absoluto	Absolutny
Activo	Aktywny
Ambicioso	Ambitny
Aromático	Aromatyczny
Atractivo	Atrakcyjny
Brillante	Jasny
Enorme	Ogromny
Generoso	Hojny
Grande	Duży
Honesto	Uczciwy
Importante	Ważny
Inocente	Niewinny
Joven	Młody
Lento	Powoli
Moderno	Nowoczesny
Oscuro	Ciemny
Perfecto	Doskonały
Pesado	Ciężki
Serio	Poważny
Valioso	Cenny

Adjetivos #2
Przymiotniki # 2

Cansado	Zmęczony
Comestible	Jadalny
Creativo	Twórczy
Descriptivo	Opisowy
Dramático	Dramatyczny
Dulce	Słodkie
Elegante	Elegancki
Famoso	Sławny
Fresco	Świeży
Fuerte	Silny
Interesante	Interesujący
Natural	Naturalny
Normal	Normalna
Nuevo	Nowy
Orgulloso	Dumny
Picante	Pikantny
Productivo	Produktywny
Salado	Słony
Saludable	Zdrowy
Seco	Suchy

Agronomía
Agronomia

Agricultura	Rolnictwo
Agua	Woda
Ciencia	Nauka
Crecimiento	Wzrost
Ecología	Ekologia
Energía	Energia
Enfermedades	Choroby
Erosión	Erozja
Estudio	Badanie
Fertilizante	Nawóz
Identificación	Identyfikacja
Medio Ambiente	Środowisko
Orgánico	Organiczny
Plantas	Rośliny
Producción	Produkcja
Rural	Wiejski
Semillas	Nasiona
Sistemas	Systemy
Sostenible	Zrównoważony
Verduras	Warzywa

Antártida
Antarktyda

Agua	Woda
Bahía	Zatoka
Científico	Naukowy
Conservación	Ochrona
Continente	Kontynent
Expedición	Wyprawa
Geografía	Geografia
Glaciares	Lodowce
Hielo	Lód
Investigador	Badacz
Islas	Wyspy
Migración	Migracja
Minerales	Minerały
Nubes	Chmury
Pájaros	Ptaki
Península	Półwysep
Pingüinos	Pingwiny
Rocoso	Skalisty
Temperatura	Temperatura
Topografía	Topografia

Antigüedades
Antyki

Arte	Sztuka
Auténtico	Autentyczny
Calidad	Jakość
Condición	Stan
Decorativo	Dekoracyjny
Décadas	Dekady
Elegante	Elegancki
Escultura	Rzeźba
Estilo	Styl
Galería	Galeria
Inusual	Niezwykły
Inversión	Inwestycja
Joyas	Biżuteria
Monedas	Monety
Mueble	Meble
Precio	Cena
Siglo	Stulecie
Subasta	Aukcja
Valor	Wartość
Viejo	Stary

Arqueología
Archeologia

Análisis	Analiza
Antigüedad	Antyk
Años	Lat
Civilización	Cywilizacja
Descendiente	Potomek
Desconocido	Nieznany
Equipo	Zespół
Era	Era
Evaluación	Ocena
Experto	Ekspert
Fósil	Skamieniałość
Huesos	Kości
Investigador	Badacz
Misterio	Zagadka
Objetos	Obiekty
Olvidado	Zapomniany
Profesor	Profesor
Reliquia	Relikt
Templo	Świątynia
Tumba	Grobowiec

Astronomía
Astronomia

Asteroide	Asteroida
Astronauta	Astronauta
Astrónomo	Astronom
Cielo	Niebo
Cohete	Rakieta
Constelación	Konstelacja
Cosmos	Kosmos
Eclipse	Zaćmienie
Equinoccio	Równonoc
Galaxia	Galaktyka
Gravedad	Grawitacja
Luna	Księżyc
Meteoro	Meteor
Observatorio	Obserwatorium
Planeta	Planeta
Satélite	Satelita
Supernova	Supernowa
Telescopio	Teleskop
Tierra	Ziemia
Universo	Wszechświat

Aviones
Samoloty

Aire	Powietrze
Altura	Wysokość
Aterrizaje	Lądowanie
Atmósfera	Atmosfera
Aventura	Przygoda
Cielo	Niebo
Combustible	Paliwo
Construcción	Budowa
Dirección	Kierunek
Diseño	Projekt
Globo	Balon
Hélices	Śmigła
Hidrógeno	Wodór
Historia	Historia
Motor	Silnik
Navegar	Nawigować
Pasajero	Pasażer
Piloto	Pilot
Tripulación	Załoga
Turbulencia	Turbulencja

Álgebra
Algebra

Cantidad	Ilość
Cero	Zero
Diagrama	Diagram
División	Podział
Ecuación	Równanie
Exponente	Wykładnik
Factor	Czynnik
Falso	Fałszywe
Fórmula	Formuła
Fracción	Frakcja
Infinito	Nieskończony
Lineal	Liniowy
Matriz	Matryca
Número	Numer
Paréntesis	Nawias
Problema	Problem
Resta	Odejmowanie
Simplificar	Uprościć
Solución	Rozwiązanie
Variable	Zmienna

Baile
Taniec

Academia	Akademia
Alegre	Radosny
Arte	Sztuka
Clásico	Klasyczny
Coreografía	Choreografia
Cuerpo	Ciało
Cultura	Kultura
Cultural	Kulturalny
Emoción	Emocja
Ensayo	Próba
Expresivo	Wyrazisty
Gracia	Łaska
Movimiento	Ruch
Música	Muzyka
Postura	Postawa
Ritmo	Rytm
Saltar	Skok
Socio	Partner
Tradicional	Tradycyjny
Visual	Wizualny

Ballet
Balet

Aplauso	Oklaski
Artístico	Artystyczny
Audiencia	Publiczność
Bailarina	Balerina
Bailarines	Tancerze
Compositor	Kompozytor
Coreografía	Choreografia
Ensayo	Próba
Estilo	Styl
Expresivo	Wyrazisty
Gesto	Gest
Habilidad	Umiejętność
Intensidad	Intensywność
Lecciones	Lekcje
Músculos	Mięśnie
Música	Muzyka
Orquesta	Orkiestra
Práctica	Ćwiczyć
Ritmo	Rytm
Técnica	Technika

Barbacoas
Grillowanie

Amigos	Przyjaciele
Caliente	Gorący
Cebollas	Cebule
Cena	Obiad
Cuchillos	Noże
Ensaladas	Sałatki
Familia	Rodzina
Fruta	Owoc
Hambre	Głód
Juegos	Gry
Música	Muzyka
Niños	Dzieci
Parrilla	Grill
Pimienta	Pieprz
Pollo	Kurczak
Sal	Sól
Salsa	Sos
Tomates	Pomidory
Verano	Lato
Verduras	Warzywa

Barcos
Łodzie

Ancla	Kotwica
Balsa	Tratwa
Boya	Boja
Canoa	Kajak
Cuerda	Lina
Ferry	Prom
Lago	Jezioro
Mar	Morze
Marea	Fala
Marinero	Marynarz
Marítimo	Morski
Mástil	Maszt
Motor	Silnik
Náutico	Nautyczny
Océano	Ocean
Olas	Fale
Río	Rzeka
Tripulación	Załoga
Velero	Żaglówka
Yate	Jacht

Belleza
Piękno

Aceites	Oleje
Champú	Szampon
Color	Kolor
Cosméticos	Kosmetyki
Elegancia	Elegancja
Elegante	Elegancki
Encanto	Urok
Espejo	Lustro
Estilista	Stylista
Fotogénico	Fotogeniczny
Fragancia	Zapach
Gracia	Łaska
Maquillaje	Makijaż
Piel	Skóra
Pintalabios	Szminka
Productos	Produkty
Rizos	Loki
Rímel	Tusz do Rzęs
Servicios	Usługi
Tijeras	Nożyczki

Biología
Biologia

Anatomía	Anatomia
Bacterias	Bakteria
Celda	Komórka
Colágeno	Kolagen
Cromosoma	Chromosom
Embrión	Zarodek
Enzima	Enzym
Evolución	Ewolucja
Fotosíntesis	Fotosynteza
Hormona	Hormon
Mamífero	Ssak
Mutación	Mutacja
Natural	Naturalny
Nervio	Nerw
Neurona	Neuron
Ósmosis	Osmoza
Proteína	Białko
Reptil	Gad
Simbiosis	Symbioza
Sinapsis	Synapsa

Café
Kawa

Agua	Woda
Amargo	Gorzki
Aroma	Aromat
Asado	Pieczony
Azúcar	Cukier
Ácido	Kwaśny
Bebida	Napój
Cafeína	Kofeina
Crema	Krem
Filtro	Filtr
Leche	Mleko
Líquido	Ciecz
Mañana	Rano
Moler	Mielić
Negro	Czarny
Origen	Pochodzenie
Precio	Cena
Sabor	Smak
Taza	Filiżanka
Variedad	Odmiana

Calentamiento Global
Globalne Ocieplenie

Ahora	Teraz
Ambiental	Środowisko
Atención	Uwaga
Ártico	Arktyczny
Cambios	Zmiany
Científico	Naukowiec
Clima	Klimat
Consecuencias	Konsekwencje
Crisis	Kryzys
Datos	Dane
Desarrollo	Rozwój
Energía	Energia
Futuro	Przyszłość
Gas	Gaz
Generaciones	Pokolenia
Gobierno	Rząd
Industria	Przemysł
Legislación	Ustawodawstwo
Poblaciones	Populacje
Temperaturas	Temperatury

Camping
Kemping

Animales	Zwierząt
Aventura	Przygoda
Árboles	Drzewa
Bosque	Las
Brújula	Kompas
Cabina	Kabina
Canoa	Kajak
Caza	Polowanie
Cuerda	Lina
Equipo	Sprzęt
Fuego	Ogień
Hamaca	Hamak
Insecto	Owad
Lago	Jezioro
Linterna	Latarnia
Luna	Księżyc
Mapa	Mapa
Montaña	Góra
Naturaleza	Natura
Sombrero	Kapelusz

Casa
Dom

Alfombra	Dywan
Ático	Strych
Biblioteca	Biblioteka
Chimenea	Kominek
Cocina	Kuchnia
Dormitorio	Sypialnia
Ducha	Prysznic
Escoba	Miotła
Espejo	Lustro
Garaje	Garaż
Grifo	Kran
Jardín	Ogród
Lámpara	Lampa
Pared	Ściana
Piso	Piętro
Puerta	Drzwi
Sótano	Piwnica
Techo	Dach
Valla	Ogrodzenie
Ventana	Okno

Ciencia
Nauki Ścisłe

Átomo	Atom
Científico	Naukowiec
Clima	Klimat
Datos	Dane
Evolución	Ewolucja
Experimento	Eksperyment
Física	Fizyka
Fósil	Skamieniałość
Gravedad	Grawitacja
Hecho	Fakt
Hipótesis	Hipoteza
Laboratorio	Laboratorium
Método	Metoda
Minerales	Minerały
Moléculas	Cząsteczki
Naturaleza	Natura
Organismo	Organizm
Partículas	Cząstki
Plantas	Rośliny
Químico	Chemiczny

Ciencia Ficción
Fantastyka Naukowa

Atómico	Atomowy
Cine	Kino
Escenario	Scenariusz
Explosión	Wybuch
Extremo	Skrajny
Fantástico	Fantastyczny
Fuego	Ogień
Futurista	Futurystyczny
Galaxia	Galaktyka
Ilusión	Iluzja
Imaginario	Wyimaginowany
Libros	Książki
Misterioso	Tajemniczy
Mundo	Świat
Oráculo	Wyrocznia
Planeta	Planeta
Realista	Realistyczny
Robots	Roboty
Tecnología	Technologia
Utopía	Utopia

Ciudad
Miasto

Aeropuerto	Lotnisko
Banco	Bank
Biblioteca	Biblioteka
Cine	Kino
Clínica	Klinika
Escuela	Szkoła
Estadio	Stadion
Farmacia	Apteka
Florista	Kwiaciarz
Galería	Galeria
Hotel	Hotel
Librería	Księgarnia
Mercado	Rynek
Museo	Muzeum
Panadería	Piekarnia
Supermercado	Supermarket
Teatro	Teatr
Tienda	Sklep
Universidad	Uniwersytet
Zoo	Zoo

Clima
Pogoda

Atmósfera	Atmosfera
Brisa	Bryza
Cielo	Niebo
Clima	Klimat
Hielo	Lód
Huracán	Huragan
Inundación	Powódź
Monzón	Monsun
Niebla	Mgła
Nube	Chmura
Polar	Polarny
Rayo	Piorun
Seco	Suchy
Sequía	Susza
Temperatura	Temperatura
Tormenta	Burza
Tornado	Tornado
Tropical	Tropikalny
Trueno	Grzmot
Viento	Wiatr

Cocina
Kuchnia

Caldera	Czajnik
Comer	Jeść
Comida	Żywność
Congelador	Zamrażarka
Cucharas	Łyżki
Cucharón	Chochla
Cuchillos	Noże
Delantal	Fartuch
Especias	Przyprawy
Esponja	Gąbka
Horno	Piekarnik
Jarra	Dzbanek
Palillos	Pałeczki
Parrilla	Grill
Receta	Przepis
Refrigerador	Lodówka
Servilleta	Serwetka
Tazas	Kubki
Tazón	Miska
Tenedores	Widelce

Comida #1
Jedzenie # 1

Ajo	Czosnek
Albahaca	Bazylia
Atún	Tuńczyk
Azúcar	Cukier
Canela	Cynamon
Carne	Mięso
Cebada	Jęczmień
Cebolla	Cebula
Ensalada	Sałatka
Espinacas	Szpinak
Fresa	Truskawka
Jugo	Sok
Leche	Mleko
Limón	Cytryna
Menta	Mięta
Nabo	Rzepa
Pera	Gruszka
Sal	Sól
Sopa	Zupa
Zanahoria	Marchewka

Comida #2
Jedzenie # 2

Alcachofa	Karczoch
Almendra	Migdał
Apio	Seler
Arroz	Ryż
Berenjena	Bakłażan
Cereza	Wiśnia
Chocolate	Czekolada
Girasol	Słonecznik
Huevo	Jajko
Jengibre	Imbir
Kiwi	Kiwi
Manzana	Jabłko
Pan	Chleb
Plátano	Banan
Pollo	Kurczak
Queso	Ser
Tomate	Pomidor
Trigo	Pszenica
Uva	Winogrono
Yogur	Jogurt

Conduciendo
Prowadzenie Pojazdów

Accidente	Wypadek
Autobús	Autobus
Calle	Ulica
Camión	Ciężarówka
Coche	Samochód
Combustible	Paliwo
Frenos	Hamulce
Garaje	Garaż
Gas	Gaz
Licencia	Licencja
Mapa	Mapa
Motocicleta	Motocykl
Motor	Silnik
Peatonal	Pieszy
Policía	Policja
Precaución	Ostrożność
Transporte	Transport
Tráfico	Ruch Drogowy
Túnel	Tunel
Velocidad	Prędkość

Creatividad
Kreatywność

Artístico	Artystyczny
Autenticidad	Autentyczność
Claridad	Przejrzystość
Dramático	Dramatyczny
Emociones	Emocje
Espontáneo	Spontaniczny
Expresión	Wyrażenie
Fluidez	Płynność
Habilidad	Umiejętność
Ideas	Pomysły
Imagen	Obraz
Imaginación	Wyobraźnia
Impresión	Wrażenie
Inspiración	Inspiracja
Intensidad	Intensywność
Intuición	Intuicja
Inventivo	Wynalazczy
Sensación	Uczucie
Visiones	Wizje
Vitalidad	Witalność

Cuerpo Humano
Ciało Ludzkie

Barbilla	Podbródek
Boca	Usta
Cabeza	Głowa
Cara	Twarz
Cerebro	Mózg
Codo	Łokieć
Corazón	Serce
Cuello	Szyja
Dedo	Palec
Hombro	Ramię
Lengua	Język
Mano	Ręka
Nariz	Nos
Ojo	Oko
Oreja	Ucho
Piel	Skóra
Pierna	Noga
Rodilla	Kolano
Sangre	Krew
Tobillo	Kostka

Deporte
Sport

Atleta	Atleta
Baile	Taniec
Capacidad	Zdolność
Ciclismo	Kolarstwo
Cuerpo	Ciało
Deportes	Sporty
Dieta	Dieta
Entrenador	Trener
Estiramiento	Rozciąganie
Fuerza	Siła
Huesos	Kości
Maximizar	Wyolbrzymiać
Metabólico	Metaboliczne
Músculos	Mięśnie
Nadar	Pływać
Nutrición	Odżywianie
Programa	Program
Resistencia	Wytrzymałość
Respirar	Oddychać
Salud	Zdrowie

Diplomacia
Dyplomacja

Asesor	Doradca
Campañas	Kampanie
Cívico	Obywatelski
Comunidad	Społeczność
Conflicto	Konflikt
Cooperación	Współpraca
Diplomático	Dyplomatyczny
Discusión	Dyskusja
Embajada	Ambasada
Embajador	Ambasador
Extranjero	Zagraniczny
Ética	Etyka
Gobierno	Rząd
Humanitario	Humanitarny
Idiomas	Języki
Integridad	Uczciwość
Política	Polityka
Resolución	Rezolucja
Solución	Rozwiązanie
Tratado	Traktat

Disciplinas Científicas
Dyscypliny Naukowe

Anatomía	Anatomia
Arqueología	Archeologia
Astronomía	Astronomia
Biología	Biologia
Bioquímica	Biochemia
Botánica	Botanika
Ecología	Ekologia
Fisiología	Fizjologia
Geología	Geologia
Inmunología	Immunologia
Mecánica	Mechanika
Meteorología	Meteorologia
Mineralogía	Mineralogia
Neurología	Neurologia
Nutrición	Odżywianie
Psicología	Psychologia
Química	Chemia
Sociología	Socjologia
Termodinámica	Termodynamika
Zoología	Zoologia

Días y Meses
Dni i Miesiące

Abril	Kwiecień
Agosto	Sierpień
Año	Rok
Calendario	Kalendarz
Domingo	Niedziela
Enero	Styczeń
Febrero	Luty
Jueves	Czwartek
Julio	Lipiec
Junio	Czerwiec
Lunes	Poniedziałek
Martes	Wtorek
Mes	Miesiąc
Miércoles	Środa
Noviembre	Listopad
Octubre	Październik
Sábado	Sobota
Semana	Tydzień
Septiembre	Wrzesień
Viernes	Piątek

Ecología
Ekologia

Clima	Klimat
Comunidades	Społeczności
Diversidad	Różnorodność
Especie	Gatunek
Fauna	Fauna
Flora	Flora
Global	Światowy
Hábitat	Siedlisko
Marino	Morski
Natural	Naturalny
Naturaleza	Natura
Pantano	Bagno
Plantas	Rośliny
Recursos	Zasoby
Sequía	Susza
Sostenible	Zrównoważony
Supervivencia	Przetrwanie
Variedad	Odmiana
Vegetación	Roślinność
Voluntarios	Wolontariusze

Edificios
Budynek

Albergue	Hostel
Apartamento	Apartament
Cabina	Kabina
Castillo	Zamek
Cine	Kino
Embajada	Ambasada
Escuela	Szkoła
Estadio	Stadion
Fábrica	Fabryka
Garaje	Garaż
Granero	Stodoła
Hospital	Szpital
Hotel	Hotel
Laboratorio	Laboratorium
Museo	Muzeum
Observatorio	Obserwatorium
Supermercado	Supermarket
Teatro	Teatr
Torre	Wieża
Universidad	Uniwersytet

Electricidad
Elektryczność

Almacenamiento	Składowanie
Batería	Bateria
Bombilla	Żarówka
Cable	Kabel
Cables	Przewody
Cantidad	Ilość
Electricista	Elektryk
Eléctrico	Elektryczny
Enchufe	Gniazdo
Equipo	Sprzęt
Generador	Generator
Imán	Magnes
Lámpara	Lampa
Láser	Laser
Negativo	Minus
Objetos	Obiekty
Positivo	Plus
Red	Sieć
Televisión	Telewizja
Teléfono	Telefon

Energía
Energia

Batería	Bateria
Calor	Ciepło
Carbono	Węgiel
Combustible	Paliwo
Diesel	Diesel
Electrón	Elektron
Eléctrico	Elektryczny
Entropía	Entropia
Fotón	Foton
Gasolina	Benzyna
Hidrógeno	Wodór
Industria	Przemysł
Medio Ambiente	Środowisko
Motor	Silnik
Nuclear	Jądrowy
Renovable	Odnawialne
Sol	Słońce
Turbina	Turbina
Vapor	Parowy
Viento	Wiatr

Enfermedad
Choroby

Abdominal	Brzuszny
Alergias	Alergie
Bienestar	Wellness
Contagioso	Zaraźliwy
Corazón	Serce
Crónica	Chroniczny
Cuerpo	Ciało
Débil	Słaby
Genético	Genetyczny
Hereditario	Dziedziczny
Huesos	Kości
Inflamación	Zapalenie
Inmunidad	Odporność
Lumbar	Lędźwiowy
Neuropatía	Neuropatia
Pulmonar	Płucny
Respiratorio	Oddechowy
Salud	Zdrowie
Síndrome	Zespół
Terapia	Terapia

Especias
Przyprawy

Agrio	Kwaśny
Ajo	Czosnek
Amargo	Gorzki
Anís	Anyż
Azafrán	Szafran
Canela	Cynamon
Cardamomo	Kardamon
Cebolla	Cebula
Clavo	Goździk
Comino	Kminek
Curry	Curry
Dulce	Słodkie
Hinojo	Koper Włoski
Jengibre	Imbir
Pimentón	Papryka
Pimienta	Pieprz
Regaliz	Lukrecja
Sabor	Smak
Sal	Sól
Vainilla	Wanilia

Familia
Rodzina

Abuela	Babcia
Abuelo	Dziadek
Antepasado	Przodek
Esposa	Żona
Hermana	Siostra
Hermano	Brat
Hija	Córka
Infancia	Dzieciństwo
Madre	Matka
Marido	Mąż
Materno	Macierzyński
Nieto	Wnuk
Niño	Dziecko
Niños	Dzieci
Padre	Ojciec
Primo	Kuzyn
Sobrina	Siostrzenica
Sobrino	Bratanek
Tía	Ciotka
Tío	Wujek

Filantropía
Filantropia

Caridad	Dobroczynność
Comunidad	Społeczność
Contactos	Łączność
Donar	Podarować
Finanzas	Finanse
Fondos	Fundusze
Generosidad	Hojność
Gente	Ludzie
Global	Światowy
Grupos	Grupy
Historia	Historia
Honestidad	Uczciwość
Humanidad	Ludzkość
Juventud	Młodzież
Metas	Cele
Misión	Misja
Necesitar	Potrzeba
Niños	Dzieci
Programas	Programy
Público	Publiczny

Física
Fizyka

Átomo	Atom
Caos	Chaos
Densidad	Gęstość
Electrón	Elektron
Fórmula	Formuła
Frecuencia	Częstotliwość
Gas	Gaz
Gravedad	Grawitacja
Magnetismo	Magnetyzm
Masa	Masa
Mecánica	Mechanika
Molécula	Cząsteczka
Motor	Silnik
Nuclear	Jądrowy
Partícula	Cząstka
Químico	Chemiczny
Relatividad	Względność
Universal	Uniwersalny
Variable	Zmienna
Velocidad	Prędkość

Flores
Kwiaty

Amapola	Mak
Gardenia	Gardenia
Girasol	Słonecznik
Hibisco	Hibiskus
Jazmín	Jaśmin
Lavanda	Lawenda
Lila	Liliowy
Lirio	Lilia
Magnolia	Magnolia
Margarita	Stokrotka
Narciso	Żonkil
Orquídea	Orchidea
Pasionaria	Passionflower
Peonía	Piwonia
Pétalo	Płatek
Plumeria	Plumeria
Ramo	Bukiet
Rosa	Róża
Trébol	Koniczyna
Tulipán	Tulipan

Formas
Kształty

Arco	Łuk
Bordes	Krawędzie
Cilindro	Cylinder
Círculo	Koło
Cono	Stożek
Cuadrado	Kwadrat
Cubo	Sześcian
Curva	Krzywa
Elipse	Elipsa
Esfera	Kula
Esquina	Narożnik
Hipérbola	Hiperbola
Lado	Bok
Línea	Linia
Oval	Owal
Pirámide	Piramida
Polígono	Wielokąt
Prisma	Pryzmat
Rectángulo	Prostokąt
Triángulo	Trójkąt

Fruta
Owoce

Aguacate	Awokado
Albaricoque	Morela
Baya	Jagoda
Cereza	Wiśnia
Coco	Kokos
Frambuesa	Malina
Guayaba	Guawa
Kiwi	Kiwi
Limón	Cytryna
Mango	Mango
Manzana	Jabłko
Melocotón	Brzoskwinia
Melón	Melon
Naranja	Pomarańczowy
Nectarina	Nektaryna
Papaya	Papaja
Pera	Gruszka
Piña	Ananas
Plátano	Banan
Uva	Winogrono

Fuerza y Gravedad
Siła i Grawitacja

Centro	Centrum
Descubrimiento	Odkrycie
Dinámico	Dynamiczny
Distancia	Odległość
Eje	Oś
Expansión	Ekspansja
Física	Fizyka
Fricción	Tarcie
Impacto	Wpływ
Magnetismo	Magnetyzm
Magnitud	Wielkość
Mecánica	Mechanika
Órbita	Orbita
Peso	Waga
Planetas	Planety
Presión	Ciśnienie
Propiedades	Właściwości
Tiempo	Czas
Universal	Uniwersalny
Velocidad	Prędkość

Geografía
Geografia

Altitud	Wysokość
Atlas	Atlas
Ciudad	Miasto
Continente	Kontynent
Ecuador	Równik
Elevación	Podniesienie
Hemisferio	Półkula
Isla	Wyspa
Mapa	Mapa
Mar	Morze
Meridiano	Południk
Montaña	Góra
Mundo	Świat
Norte	Północ
Oeste	Zachód
País	Kraj
Región	Region
Río	Rzeka
Sur	Południe
Territorio	Terytorium

Geología
Geologia

Ácido	Kwas
Calcio	Wapń
Capa	Warstwa
Caverna	Grota
Continente	Kontynent
Coral	Koral
Cristales	Kryształy
Cuarzo	Kwarc
Erosión	Erozja
Estalactita	Stalaktyt
Estalagmitas	Stalagmity
Fósil	Skamieniałość
Géiser	Gejzer
Lava	Lawa
Meseta	Płaskowyż
Minerales	Minerały
Piedra	Kamień
Sal	Sól
Volcán	Wulkan
Zona	Strefa

Geometría
Geometria

Altura	Wysokość
Ángulo	Kąt
Cálculo	Obliczeń
Curva	Krzywa
Diámetro	Średnica
Dimensión	Wymiar
Ecuación	Równanie
Horizontal	Poziomy
Lógica	Logika
Masa	Masa
Mediana	Mediana
Número	Numer
Paralelo	Równoległy
Proporción	Proporcja
Segmento	Człon
Simetría	Symetria
Superficie	Powierzchnia
Teoría	Teoria
Triángulo	Trójkąt
Vertical	Pionowy

Gobierno
Rząd

Ciudadanía	Obywatelstwo
Civil	Cywilny
Constitución	Konstytucja
Democracia	Demokracja
Derechos	Prawa
Discurso	Mowa
Discusión	Dyskusja
Distrito	Dzielnica
Estado	Stan
Igualdad	Równość
Independencia	Niezależność
Judicial	Sądowy
Ley	Prawo
Libertad	Wolność
Líder	Lider
Monumento	Pomnik
Nacional	Krajowe
Nación	Naród
Política	Polityka
Símbolo	Symbol

Granja #1
Gospodarstwo #1

Abeja	Pszczoła
Agricultura	Rolnictwo
Agua	Woda
Arroz	Ryż
Burro	Osioł
Caballo	Koń
Cabra	Koza
Campo	Pole
Cuervo	Wrona
Fertilizante	Nawóz
Gato	Kot
Heno	Siano
Miel	Miód
Perro	Pies
Pollo	Kurczak
Semillas	Nasiona
Ternero	Cielę
Tierra	Ziemia
Vaca	Krowa
Valla	Ogrodzenie

Granja #2
Gospodarstwo #2

Agricultor	Rolnik
Animales	Zwierząt
Cebada	Jęczmień
Colmena	Ul
Comida	Żywność
Cordero	Jagnię
Fruta	Owoc
Granero	Stodoła
Huerto	Sad
Leche	Mleko
Llama	Lama
Maíz	Kukurydza
Oveja	Owce
Pastor	Pasterz
Pato	Kaczka
Prado	Łąka
Riego	Nawadnianie
Tractor	Ciągnik
Trigo	Pszenica
Vegetal	Warzywo

Herboristería
Zielarstwo

Ajo	Czosnek
Albahaca	Bazylia
Aromático	Aromatyczny
Azafrán	Szafran
Calidad	Jakość
Culinario	Kulinarny
Eneldo	Koper
Estragón	Estragon
Flor	Kwiat
Hinojo	Koper Włoski
Ingrediente	Składnik
Jardín	Ogród
Lavanda	Lawenda
Mejorana	Majeranek
Menta	Mięta
Perejil	Pietruszka
Planta	Roślina
Romero	Rozmaryn
Sabor	Smak
Verde	Zielony

Ingeniería
Inżynieria

Ángulo	Kąt
Cálculo	Obliczeń
Construcción	Budowa
Diagrama	Diagram
Diámetro	Średnica
Diesel	Diesel
Distribución	Dystrybucja
Eje	Oś
Energía	Energia
Estabilidad	Stabilność
Estructura	Struktura
Fricción	Tarcie
Fuerza	Siła
Líquido	Ciecz
Máquina	Maszyna
Medición	Pomiar
Motor	Silnik
Palancas	Dźwignie
Profundidad	Głębokość
Propulsión	Napęd

Insectos
Owady

Abeja	Pszczoła
Avispa	Osa
Avispón	Szerszeń
Áfido	Mszyca
Cigarra	Cykada
Cucaracha	Karaluch
Escarabajo	Chrząszcz
Gusano	Robak
Hormiga	Mrówka
Langosta	Szarańcza
Larva	Larwa
Libélula	Ważka
Mantis	Modliszka
Mariposa	Motyl
Mariquita	Biedronka
Mosquito	Komar
Polilla	Ćma
Pulga	Pchła
Saltamontes	Konik Polny
Termita	Termit

Instrumentos Musicales
Instrumenty Muzyczne

Armónica	Harmonijka
Arpa	Harfa
Banjo	Banjo
Clarinete	Klarnet
Fagot	Fagot
Flauta	Flet
Gong	Gong
Guitarra	Gitara
Mandolina	Mandolina
Marimba	Marimba
Oboe	Obój
Pandereta	Tamburyn
Percusión	Perkusja
Piano	Pianino
Saxofón	Saksofon
Tambor	Bęben
Trombón	Puzon
Trompeta	Trąbka
Violín	Skrzypce
Violonchelo	Wiolonczela

Jardinería
Prace Ogrodowe

Agua	Woda
Botánico	Botaniczny
Clima	Klimat
Comestible	Jadalny
Compost	Kompost
Contenedor	Pojemnik
Especie	Gatunek
Estacional	Sezonowy
Exótico	Egzotyczny
Flor	Kwitnąć
Floral	Kwiatowy
Follaje	Liści
Hoja	Liść
Huerto	Sad
Humedad	Wilgoć
Manguera	Wąż
Ramo	Bukiet
Semillas	Nasiona
Suciedad	Brud
Suelo	Gleba

Jardín
Ogród

Arbusto	Krzak
Árbol	Drzewo
Banco	Ławka
Césped	Trawnik
Estanque	Staw
Flor	Kwiat
Garaje	Garaż
Hamaca	Hamak
Hierba	Trawa
Huerto	Sad
Jardín	Ogród
Malezas	Chwasty
Manguera	Wąż
Pala	Łopata
Porche	Ganek
Rastrillo	Grabie
Suelo	Gleba
Terraza	Taras
Trampolín	Trampolina
Valla	Ogrodzenie

Jazz
Jazz

Artista	Artysta
Álbum	Album
Canción	Piosenka
Composición	Kompozycja
Compositor	Kompozytor
Concierto	Koncert
Estilo	Styl
Énfasis	Nacisk
Famoso	Sławny
Favoritos	Ulubione
Género	Gatunek
Improvisación	Improwizacja
Música	Muzyka
Nuevo	Nowy
Orquesta	Orkiestra
Ritmo	Rytm
Talento	Talent
Tambores	Bębny
Técnica	Technika
Viejo	Stary

La Empresa
Przedsiębiorstwo

Calidad	Jakość
Creativo	Twórczy
Decisión	Decyzja
Empleo	Zatrudnienie
Global	Światowy
Industria	Przemysł
Ingresos	Przychód
Innovador	Innowacyjny
Inversión	Inwestycja
Negocio	Biznes
Posibilidad	Możliwość
Presentación	Prezentacja
Producto	Produkt
Profesional	Profesjonalny
Progreso	Postęp
Recursos	Zasoby
Reputación	Reputacja
Riesgos	Ryzyka
Tendencias	Trendy
Unidades	Jednostki

Libros
Książki

Autor	Autor
Aventura	Przygoda
Colección	Kolekcja
Contexto	Kontekst
Dualidad	Dualizm
Escrito	Pisemny
Historia	Historia
Histórico	Historyczny
Humorístico	Humorystyczny
Inventivo	Wynalazczy
Lector	Czytelnik
Literario	Literacki
Narrador	Narrator
Novela	Powieść
Página	Strona
Pertinente	Istotne
Poema	Wiersz
Poesía	Poezja
Serie	Seria
Trágico	Tragiczny

Literatura
Literatura

Analogía	Analogia
Análisis	Analiza
Anécdota	Anegdota
Autor	Autor
Biografía	Biografia
Comparación	Porównanie
Conclusión	Wniosek
Descripción	Opis
Diálogo	Dialog
Estilo	Styl
Ficción	Fikcja
Metáfora	Metafora
Narrador	Narrator
Novela	Powieść
Poema	Wiersz
Poético	Poetycki
Rima	Rym
Ritmo	Rytm
Tema	Temat
Tragedia	Tragedia

Los Medios de Comunicación
Media

Actitudes	Postawy
Comercial	Komercyjne
Comunicación	Komunikacja
Digital	Cyfrowy
Edición	Wydanie
Educación	Edukacja
En Línea	Online
Financiación	Finansowanie
Fotos	Zdjęcia
Hechos	Fakty
Industria	Przemysł
Intelectual	Intelektualny
Local	Lokalny
Opinión	Opinia
Periódicos	Gazety
Público	Publiczny
Radio	Radio
Red	Sieć
Revistas	Czasopisma
Televisión	Telewizja

Mamíferos
Ssaki

Ballena	Wieloryb
Burro	Osioł
Caballo	Koń
Camello	Wielbłąd
Canguro	Kangur
Cebra	Zebra
Conejo	Królik
Coyote	Kojot
Delfín	Delfin
Elefante	Słoń
Gato	Kot
Gorila	Goryl
Jirafa	Żyrafa
Lobo	Wilk
Mono	Małpa
Oso	Niedźwiedź
Oveja	Owce
Perro	Pies
Toro	Byk
Zorro	Lis

Matemáticas
Matematyka

Aritmética	Arytmetyka
Ángulos	Kąty
Circunferencia	Obwód
Cuadrado	Kwadrat
Decimal	Dziesiętny
Diámetro	Średnica
Ecuación	Równanie
Esfera	Kula
Exponente	Wykładnik
Fracción	Frakcja
Geometría	Geometria
Paralelo	Równoległy
Paralelogramo	Równoległobok
Perpendicular	Prostopadły
Polígono	Wielokąt
Radio	Promień
Rectángulo	Prostokąt
Simetría	Symetria
Triángulo	Trójkąt
Volumen	Objętość

Mediciones
Pomiary

Altura	Wysokość
Ancho	Szerokość
Byte	Bajt
Centímetro	Centymetr
Decimal	Dziesiętny
Grado	Stopień
Gramo	Gram
Kilogramo	Kilogram
Kilómetro	Kilometr
Litro	Litr
Longitud	Długość
Masa	Masa
Metro	Metr
Minuto	Minuta
Onza	Uncja
Peso	Waga
Profundidad	Głębokość
Pulgada	Cal
Tonelada	Tona
Volumen	Objętość

Meditación
Medytacja

Aceptación	Przyjęcie
Atención	Uwaga
Bondad	Życzliwość
Calma	Spokój
Claridad	Przejrzystość
Compasión	Współczucie
Emociones	Emocje
Gratitud	Wdzięczność
Mental	Psychiczny
Mente	Umysł
Movimiento	Ruch
Música	Muzyka
Naturaleza	Natura
Observación	Obserwacja
Paz	Pokój
Pensamientos	Myśli
Perspectiva	Perspektywa
Postura	Postawa
Respiración	Oddechowy
Silencio	Cisza

Mitología
Mitologia

Arquetipo	Archetyp
Celos	Zazdrość
Cielo	Niebo
Comportamiento	Zachowanie
Creación	Kreacja
Creencias	Wierzenia
Criatura	Stworzenie
Cultura	Kultura
Deidades	Bóstw
Desastre	Katastrofa
Fuerza	Siła
Guerrero	Wojownik
Héroe	Bohater
Laberinto	Labirynt
Leyenda	Legenda
Monstruo	Potwór
Mortal	Śmiertelny
Rayo	Piorun
Trueno	Grzmot
Venganza	Zemsta

Moda
Moda

Asequible	Niedrogie
Bordado	Haft
Botones	Przyciski
Boutique	Butik
Caro	Drogi
Elegante	Elegancki
Encaje	Koronki
Estilo	Styl
Mediciones	Pomiary
Moderno	Nowoczesny
Modesto	Skromny
Original	Oryginał
Patrón	Wzór
Práctico	Praktyczny
Ropa	Odzież
Sencillo	Prosty
Sofisticado	Wyrafinowany
Tejido	Tkanina
Tendencia	Tendencja
Textura	Tekstura

Música
Muzyka

Armonía	Harmonia
Armónico	Harmoniczny
Álbum	Album
Balada	Ballada
Cantante	Piosenkarz
Cantar	Śpiewać
Clásico	Klasyczny
Coro	Chór
Grabación	Nagranie
Improvisar	Improwizować
Instrumento	Instrument
Melodía	Melodia
Micrófono	Mikrofon
Musical	Musical
Músico	Muzyk
Ópera	Opera
Poético	Poetycki
Ritmo	Rytm
Tempo	Tempo
Vocal	Wokal

Naturaleza
Przyroda

Abejas	Pszczoły
Animales	Zwierząt
Ártico	Arktyczny
Belleza	Piękno
Bosque	Las
Desierto	Pustynia
Dinámico	Dynamiczny
Erosión	Erozja
Follaje	Liści
Glaciar	Lodowiec
Niebla	Mgła
Nubes	Chmury
Pacífico	Spokojna
Refugio	Schronienie
Río	Rzeka
Salvaje	Dziki
Santuario	Sanktuarium
Sereno	Spokojny
Tropical	Tropikalny
Vital	Istotne

Negocio
Biznes

Carrera	Kariera
Costo	Koszt
Descuento	Rabat
Dinero	Pieniądze
Economía	Ekonomia
Empleado	Pracownik
Empleador	Pracodawca
Empresa	Firma
Fábrica	Fabryka
Finanzas	Finanse
Impuestos	Podatki
Inversión	Inwestycja
Mercancía	Towar
Moneda	Waluta
Oficina	Biuro
Personal	Personel
Presupuesto	Budżet
Tienda	Sklep
Transacción	Transakcja
Venta	Sprzedaż

Nutrición
Odżywianie

Amargo	Gorzki
Apetito	Apetyt
Calidad	Jakość
Calorías	Kalorie
Carbohidratos	Węglowodany
Cereales	Zboża
Comestible	Jadalny
Dieta	Dieta
Digestión	Trawienie
Equilibrado	Zrównoważony
Fermentación	Fermentacja
Hábitos	Nawyki
Peso	Waga
Proteínas	Białka
Sabor	Smak
Salsa	Sos
Salud	Zdrowie
Saludable	Zdrowy
Toxina	Toksyna
Vitamina	Witamina

Números
Liczby

Catorce	Czternaście
Cero	Zero
Cinco	Pięć
Cuatro	Cztery
Decimal	Dziesiętny
Dieciocho	Osiemnaście
Dieciséis	Szesnaście
Diecisiete	Siedemnaście
Diez	Dziesięć
Doce	Dwanaście
Dos	Dwa
Nueve	Dziewięć
Ocho	Osiem
Quince	Piętnaście
Seis	Sześć
Siete	Siedem
Trece	Trzynaście
Tres	Trzy
Uno	Jeden
Veinte	Dwadzieścia

Océano
Ocean

Alga	Glony
Anguila	Węgorz
Arrecife	Rafa
Atún	Tuńczyk
Ballena	Wieloryb
Barco	Łódź
Camarón	Krewetka
Cangrejo	Krab
Coral	Koral
Delfín	Delfin
Esponja	Gąbka
Mareas	Pływy
Medusa	Meduza
Ostra	Ostryga
Pescado	Ryba
Pulpo	Ośmiornica
Sal	Sól
Tiburón	Rekin
Tormenta	Burza
Tortuga	Żółw

Paisajes
Krajobrazy

Cascada	Wodospad
Cueva	Jaskinia
Desierto	Pustynia
Géiser	Gejzer
Glaciar	Lodowiec
Golfo	Zatoka
Iceberg	Góra Lodowa
Isla	Wyspa
Lago	Jezioro
Laguna	Laguna
Mar	Morze
Montaña	Góra
Oasis	Oaza
Pantano	Bagno
Península	Półwysep
Playa	Plaża
Río	Rzeka
Tundra	Tundra
Valle	Dolina
Volcán	Wulkan

Países #1
Kraje # 1

Alemania	Niemcy
Argentina	Argentyna
Bélgica	Belgia
Brasil	Brazylia
Canadá	Kanada
Ecuador	Ekwador
Egipto	Egipt
España	Hiszpania
Filipinas	Filipiny
Honduras	Honduras
India	Indie
Italia	Włochy
Libia	Libia
Malí	Mali
Marruecos	Maroko
Nicaragua	Nikaragua
Noruega	Norwegia
Panamá	Panama
Polonia	Polska
Venezuela	Wenezuela

Países #2
Kraje # 2

Albania	Albania
Australia	Australia
Austria	Austria
Dinamarca	Dania
Etiopía	Etiopia
Francia	Francja
Grecia	Grecja
Indonesia	Indonezja
Irlanda	Irlandia
Jamaica	Jamajka
Japón	Japonia
Laos	Laos
México	Meksyk
Pakistán	Pakistan
Portugal	Portugalia
Rusia	Rosja
Siria	Syria
Sudán	Sudan
Ucrania	Ukraina
Uganda	Uganda

Pájaros
Ptaki

Avestruz	Struś
Águila	Orzeł
Cigüeña	Bocian
Cisne	Łabędź
Cuco	Kukułka
Cuervo	Wrona
Flamenco	Flaming
Ganso	Gęś
Garza	Czapla
Gaviota	Mewa
Gorrión	Wróbel
Halcón	Jastrząb
Huevo	Jajko
Loro	Papuga
Paloma	Gołąb
Pato	Kaczka
Pelícano	Pelikan
Pingüino	Pingwin
Pollo	Kurczak
Tucán	Tukan

Plantas
Rośliny

Arbusto	Krzak
Árbol	Drzewo
Bambú	Bambus
Baya	Jagoda
Bosque	Las
Botánica	Botanika
Cactus	Kaktus
Fertilizante	Nawóz
Flor	Kwiat
Flora	Flora
Follaje	Liści
Frijol	Fasola
Hiedra	Bluszcz
Hierba	Trawa
Hoja	Liść
Jardín	Ogród
Musgo	Mech
Pétalo	Płatek
Raíz	Źródło
Vegetación	Roślinność

Profesiones #1
Zawody # 1

Abogado	Adwokat
Astrónomo	Astronom
Atleta	Atleta
Bailarín	Tancerz
Banquero	Bankier
Bombero	Strażak
Cartógrafo	Kartograf
Cazador	Myśliwy
Científico	Naukowiec
Doctor	Lekarz
Editor	Redaktor
Embajador	Ambasador
Enfermera	Pielęgniarka
Entrenador	Trener
Fontanero	Hydraulik
Geólogo	Geolog
Joyero	Jubiler
Músico	Muzyk
Pianista	Pianista
Psicólogo	Psycholog

Profesiones #2
Zawody # 2

Astronauta	Astronauta
Bibliotecario	Bibliotekarz
Biólogo	Biolog
Cirujano	Chirurg
Dentista	Dentysta
Detective	Detektyw
Filósofo	Filozof
Fotógrafo	Fotograf
Ilustrador	Ilustrator
Ingeniero	Inżynier
Inventor	Wynalazca
Investigador	Badacz
Jardinero	Ogrodnik
Lingüista	Językoznawca
Médico	Lekarz
Periodista	Dziennikarz
Piloto	Pilot
Pintor	Malarz
Profesor	Nauczyciel
Zoólogo	Zoolog

Psicología
Psychologia

Cita	Spotkanie
Clínico	Kliniczny
Cognición	Poznanie
Comportamiento	Zachowanie
Conflicto	Konflikt
Ego	Ego
Emociones	Emocje
Evaluación	Ocena
Ideas	Pomysły
Inconsciente	Nieprzytomny
Infancia	Dzieciństwo
Pensamientos	Myśli
Percepción	Postrzeganie
Personalidad	Osobowość
Problema	Problem
Realidad	Rzeczywistość
Sensación	Uczucie
Subconsciente	Podświadomy
Sueños	Marzenia
Terapia	Terapia

Química
Chemia

Alcalino	Alkaliczny
Ácido	Kwas
Calor	Ciepło
Carbono	Węgiel
Catalizador	Katalizator
Cloro	Chlor
Electrón	Elektron
Enzima	Enzym
Gas	Gaz
Hidrógeno	Wodór
Ion	Jon
Líquido	Ciecz
Metales	Metale
Molécula	Cząsteczka
Nuclear	Jądrowy
Oxígeno	Tlen
Peso	Waga
Reacción	Reakcja
Sal	Sól
Temperatura	Temperatura

Restaurante #1
Restauracja # 1

Alergia	Alergia
Café	Kawa
Cajero	Kasjer
Camarera	Kelnerka
Carne	Mięso
Cocina	Kuchnia
Comer	Jeść
Comida	Żywność
Cuchillo	Nóż
Ingredientes	Składniki
Menú	Menu
Pan	Chleb
Picante	Pikantny
Plato	Talerz
Pollo	Kurczak
Postre	Deser
Reserva	Rezerwacja
Salsa	Sos
Servilleta	Serwetka
Tazón	Miska

Restaurante #2
Restauracja # 2

Agua	Woda
Aperitivo	Przystawka
Bebida	Napój
Camarero	Kelner
Cena	Obiad
Cuchara	Łyżka
Delicioso	Pyszny
Ensalada	Sałatka
Especias	Przyprawy
Fideos	Makaron
Fruta	Owoc
Hielo	Lód
Huevos	Jaja
Pastel	Ciasto
Pescado	Ryba
Sal	Sól
Silla	Krzesło
Sopa	Zupa
Tenedor	Widelec
Verduras	Warzywa

Ropa
Ubrania

Abrigo	Płaszcz
Blusa	Bluza
Bufanda	Szalik
Camisa	Koszula
Chaqueta	Kurtka
Cinturón	Pas
Collar	Naszyjnik
Delantal	Fartuch
Falda	Spódnica
Guantes	Rękawiczki
Joyas	Biżuteria
Moda	Moda
Pantalones	Spodnie
Pijama	Piżama
Pulsera	Bransoletka
Sandalias	Sandały
Sombrero	Kapelusz
Suéter	Sweter
Vestido	Sukienka
Zapato	But

Salud y Bienestar #1
Zdrowie i Wellness # 1

Activo	Aktywny
Altura	Wysokość
Bacterias	Bakteria
Clínica	Klinika
Doctor	Lekarz
Farmacia	Apteka
Fractura	Złamanie
Hambre	Głód
Hábito	Nawyk
Hormonas	Hormony
Huesos	Kości
Medicina	Medycyna
Músculos	Mięśnie
Piel	Skóra
Postura	Postawa
Reflejo	Odruch
Relajación	Relaks
Terapia	Terapia
Tratamiento	Leczenie
Virus	Wirus

Salud y Bienestar #2
Zdrowie i Wellness # 2

Alergia	Alergia
Anatomía	Anatomia
Apetito	Apetyt
Caloría	Kaloria
Deshidratación	Odwodnienie
Dieta	Dieta
Digestión	Trawienie
Energía	Energia
Enfermedad	Choroba
Estrés	Stres
Genética	Genetyka
Higiene	Higiena
Hospital	Szpital
Infección	Infekcja
Masaje	Masaż
Nutrición	Odżywianie
Peso	Waga
Saludable	Zdrowy
Sangre	Krew
Vitamina	Witamina

Senderismo
Turystyka Piesza

Acantilado	Klif
Agua	Woda
Animales	Zwierząt
Botas	Buty
Camping	Kemping
Cansado	Zmęczony
Clima	Klimat
Cumbre	Szczyt
Guías	Przewodniki
Mapa	Mapa
Montaña	Góra
Mosquitos	Komary
Naturaleza	Natura
Orientación	Orientacja
Parques	Parki
Pesado	Ciężki
Piedras	Kamienie
Preparación	Przygotowanie
Salvaje	Dziki
Sol	Słońce

Suministros de Arte
Materiały Artystyczne

Aceite	Olej
Acrílico	Akryl
Acuarelas	Akwarele
Agua	Woda
Arcilla	Glina
Borrador	Gumka
Caballete	Sztaluga
Cámara	Kamera
Cepillos	Pędzle
Colores	Kolory
Creatividad	Kreatywność
Ideas	Pomysły
Lápices	Ołówki
Mesa	Stół
Papel	Papier
Pasteles	Pastele
Pegamento	Klej
Pinturas	Farby
Silla	Krzesło
Tinta	Atrament

Tiempo
Czas

Ahora	Teraz
Antes	Przed
Anual	Roczne
Año	Rok
Ayer	Wczoraj
Calendario	Kalendarz
Década	Dekada
Día	Dzień
Futuro	Przyszłość
Hora	Godzina
Hoy	Dzisiaj
Mañana	Rano
Mediodía	Południe
Mes	Miesiąc
Minuto	Minuta
Momento	Moment
Noche	Noc
Reloj	Zegar
Semana	Tydzień
Siglo	Stulecie

Tipos de Cabello
Rodzaje Włosów

Blanco	Biały
Brillante	Błyszczący
Calvo	Łysy
Corto	Krótki
Delgada	Cienki
Gris	Szary
Grueso	Gruby
Largo	Długie
Marrón	Brązowy
Negro	Czarny
Ondulado	Falisty
Plata	Srebro
Rizado	Kręcone
Rizos	Loki
Rubio	Blond
Saludable	Zdrowy
Seco	Suchy
Suave	Miękki
Trenzado	Pleciony
Trenzas	Warkocze

Universo
Wszechświat

Asteroide	Asteroida
Astronomía	Astronomia
Astrónomo	Astronom
Atmósfera	Atmosfera
Celestial	Niebiański
Cielo	Niebo
Cósmico	Kosmiczny
Ecuador	Równik
Eón	Eon
Galaxia	Galaktyka
Hemisferio	Półkula
Horizonte	Horyzont
Luna	Księżyc
Oscuridad	Ciemność
Órbita	Orbita
Solar	Słoneczny
Solsticio	Przesilenie
Telescopio	Teleskop
Visible	Widoczny
Zodíaco	Zodiak

Vacaciones #2
Wakacje # 2

Aeropuerto	Lotnisko
Carpa	Namiot
Extranjero	Cudzoziemiec
Fotos	Zdjęcia
Hotel	Hotel
Isla	Wyspa
Mapa	Mapa
Mar	Morze
Montañas	Góry
Ocio	Wypoczynek
Pasaporte	Paszport
Playa	Plaża
Reservas	Rezerwacje
Restaurante	Restauracja
Taxi	Taxi
Transporte	Transport
Tren	Pociąg
Vacaciones	Wakacje
Viaje	Podróż
Visa	Wiza

Vehículos
Pojazdy

Ambulancia	Ambulans
Autobús	Autobus
Avión	Samolot
Balsa	Tratwa
Barco	Łódź
Bicicleta	Rower
Camión	Ciężarówka
Caravana	Karawana
Coche	Samochód
Cohete	Rakieta
Ferry	Prom
Furgoneta	Van
Helicóptero	Śmigłowiec
Metro	Metro
Motor	Silnik
Neumáticos	Opony
Submarino	Łódź Podwodna
Taxi	Taxi
Tractor	Ciągnik
Tren	Pociąg

Verduras
Warzywa

Ajo	Czosnek
Alcachofa	Karczoch
Apio	Seler
Berenjena	Bakłażan
Brócoli	Brokuły
Calabaza	Dynia
Cebolla	Cebula
Ensalada	Sałatka
Espinacas	Szpinak
Guisante	Groch
Jengibre	Imbir
Nabo	Rzepa
Oliva	Oliwa
Patata	Ziemniak
Pepino	Ogórek
Perejil	Pietruszka
Rábano	Rzodkiewka
Seta	Grzyb
Tomate	Pomidor
Zanahoria	Marchewka

Enhorabuena

Lo has conseguido!

Esperamos que hayas disfrutado de este libro tanto como nosotros al diseñarlo. Nos esforzamos por crear libros de la máxima calidad posible.
Esta edición está diseñada para proporcionar un aprendizaje inteligente, de calidad y divertido!

¿Te ha gustado este libro?

Una Petición Sencilla

Estos libros existen gracias a las reseñas que se publican.
¿Podrías ayudarnos dejando una reseña ahora?
Aquí tienes un breve enlace a la página de reseñas

BestBooksActivity.com/Opiniones50

¡DESAFÍO FINAL!

Reto n°1

¿Estás listo para tu juego gratis? Los utilizamos siempre, pero no son tan fáciles de encontrar. ¡Aquí están los **Sinónimos**!
Escribe 5 palabras que hayas encontrado en los rompecabezas (#21, #36, #76) y trata de encontrar 2 sinónimos para cada palabra.

*Escriba 5 palabras del **Puzzle 21***

Palabras	Sinónimo 1	Sinónimo 2

*Escriba 5 palabras del **Puzzle 36***

Palabras	Sinónimo 1	Sinónimo 2

*Escriba 5 palabras del **Puzzle 76***

Palabras	Sinónimo 1	Sinónimo 2

Reto n°2

Ahora que te has calentado, escribe 5 palabras que hayas encontrado en los Puzzles 9, 17 y 25 e intenta encontrar 2 antónimos para cada palabra. ¿Cuántos puedes encontrar en 20 minutos?

*Escriba 5 palabras del **Puzzle 9***

Palabras	Antónimo 1	Antónimo 2

*Escriba 5 palabras del **Puzzle 17***

Palabras	Antónimo 1	Antónimo 2

*Escriba 5 palabras del **Puzzle 25***

Palabras	Antónimo 1	Antónimo 2

Reto n°3

¡Genial! Este desafío final 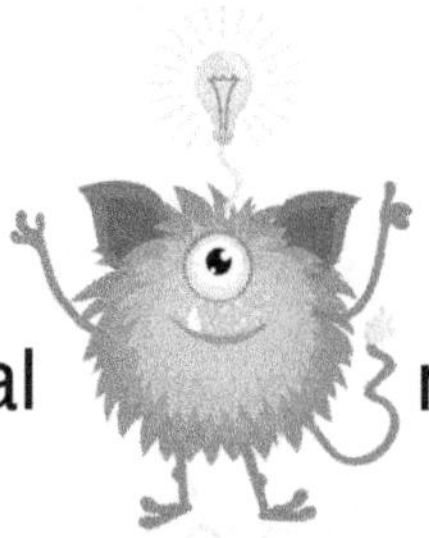 no es nada para ti.

¿Preparado para el reto final? Elige 10 palabras que hayas descubierto en los diferentes rompecabezas y escríbelas a continuación.

1.	6.
2.	7.
3.	8.
4.	9.
5.	10.

Ahora escribe un texto pensando en una persona, un animal o un lugar que te guste.

Puedes usar la última página de este libro como borrador.

Tu Composición:

CUADERNO DE NOTAS :

HASTA PRONTO !

Todo el Equipo

www.ingramcontent.com/pod-product-compliance
Lightning Source LLC
Chambersburg PA
CBHW082217120626
46553CB00010B/3187
* 9 7 9 8 8 9 6 7 0 2 0 4 7 *